DOUGLAS TUFANO

LIMA BARRETO
CRÔNICA - CONTO - ROMANCE

NA SALA DE AULA

MODERNA

© DOUGLAS TUFANO

COORDENAÇÃO EDITORIAL Maristela Petrili de Almeida Leite
EDIÇÃO DE TEXTO Janette Tavano
COORDENAÇÃO DE EDIÇÃO DE ARTE Camila Fiorenza
ILUSTRAÇÕES Weberson Santiago
DIAGRAMAÇÃO Cristina Uetake, Michele Figueredo
COORDENAÇÃO DE REVISÃO Elaine Cristina del Nero
REVISÃO Nair Hitomi Kayo
COORDENAÇÃO DE BUREAU Américo Jesus
COORDENAÇÃO DE PESQUISA ICONOGRÁFICA Luciano Baneza Gabarron
PESQUISA ICONOGRÁFICA Cristina Mota e Tempo Composto
TRATAMENTO DE IMAGENS Denise Feitoza Maciel
PRÉ-IMPRESSÃO Alexandre Petreca
COORDENAÇÃO DE PRODUÇÃO INDUSTRIAL Andrea Quintas dos Santos
IMPRESSÃO E ACABAMENTO A. R. Fernandez

Dados Internacionais de Catalogação na Publicação (CIP)
(Câmara Brasileira do Livro, SP, Brasil)

Tufano, Douglas
  Lima Barreto na sala de aula ; crônica, conto, romance /
Douglas Tufano. – São Paulo : Moderna, 2016. –
(Série Na sala de aula)

ISBN 978-85-16-10249-4

1. Barreto, Lima, 1881-1922 – Crítica e interpretação
2. Contos brasileiros – História e crítica 3. Crônicas
brasileiras – História e crítica. 4. Romance brasileiro –
História e crítica 5. Sala de aula – Direção I. Título.
II. Série.

16-00109   CDD-869.09

Índice para catálogo sistemático:
  1. Literatura brasileira: História e crítica 869.09

Reprodução proibida. Art.184 do Código Penal e Lei 9.610 de 19 de fevereiro de 1998.

Todos os direitos reservados

EDITORA MODERNA LTDA.
Rua Padre Adelino, 758 - Belenzinho
São Paulo - SP - Brasil - CEP 03303-904
Vendas e Atendimento: Tel. (11) 2790-1300
www.modernaliteratura.com.br
2016

SUMÁRIO

8 **Lima Barreto: livre, mulato e pobre**
- **11** Um escritor combativo
- **12** A luta contra o alcoolismo e a loucura
- **14** O triste fim

16 **O Brasil na época de Lima Barreto**
- **19** Um país com muitos problemas
- **20** A população brasileira
- **21** O Pré-modernismo
- **21** Rio de Janeiro, a capital federal

24 **Crônicas**
- **27** Quase doutor
- **29** As enchentes
- **33** Não se zanguem
- **35** Não as matem
- **39** Os enterros de Inhaúma
- **43** Maio
- **47** País rico

50 **O preconceito racial: "é triste não ser branco"**

53 **Contos**
- **55** *A nova Califórnia*
- **67** *O homem que sabia javanês*

77 **Esporte e modernidade: a polêmica do futebol**

81 **Romance**
- **82** *Triste fim de Policarpo Quaresma*

107 **Entrevista imaginária com Lima Barreto**

LIMA BARRETO:
LIVRE, MULATO E POBRE

Afonso Henriques de Lima Barreto nasceu no dia 13 de maio de 1881, sete anos antes da assinatura da Lei Áurea pela Princesa Isabel, que marcaria o fim da escravidão no Brasil.

Como ele mesmo escreveu, era mulato, livre e de família muito pobre. Aliás, a pobreza — e até mesmo a miséria — estaria sempre presente em sua curta vida — ele morreu com apenas 41 anos em 1922.

As dificuldades começaram cedo: a mãe Amália Augusta Barreto morreu em dezembro de 1887, quando ele só tinha seis anos. O pai, o tipógrafo João Henriques de Lima Barreto, ficou então, aos 35 anos, sozinho com quatro filhos pequenos. Afonso Henriques era o mais velho e o menor, Eliezer, tinha menos de dois.

Com muito sacrifício e graças à ajuda do padrinho, o Visconde de Ouro Preto, o jovem Lima Barreto conseguiu estudar e ser aprovado nos exames da Escola Politécnica em 1897, com apenas dezesseis anos, iniciando então o curso de Engenharia.

Mas, em 1902, uma nova tragédia se abateu sobre a família: seu pai foi acometido de seguidas crises de loucura e tornou-se incapaz de continuar trabalhando. Lima Barreto precisou assumir o papel de chefe da família. Abandonou o curso de engenharia e ingressou, por concurso, na Secretaria da Guerra, onde passou a trabalhar como escrevente.

Foi a partir de 1905 que a escrita começou a ganhar importância em sua vida, quando começou a colaborar com artigos na imprensa carioca. Em outubro de 1906, entrou em licença para tratamento de saúde e em 1909 publicou seu primeiro romance: *Recordações do escrivão Isaías Caminha*.

Iniciava-se, assim, a carreira literária daquele que viria a ser um dos principais escritores brasileiros.

O PRIMEIRO ROMANCE, *RECORDAÇÕES DO ESCRIVÃO ISAÍAS CAMINHA*, COM A FOTO DE LIMA BARRETO NA CAPA.

LIMA BARRETO EM 1917.

UM ESCRITOR COMBATIVO

Desde seus primeiros escritos, Lima Barreto destacou-se pelo espírito crítico, combativo, não evitando polêmicas e debates sobre os problemas da sociedade brasileira. Interessado nos mais diversos assuntos, falava de política, do preconceito racial (do qual ele mesmo era vítima), de sistemas políticos. Criticava a corrupção das elites, a antiquada educação dada às mulheres, o autoritarismo dos governantes, a burocracia que paralisava o país. Na sua literatura, voltou-se para os marginalizados, para os que não tinham voz na vida real. Interessou-se pelos dramas dos que viviam nos subúrbios, sem horizontes nem perspectivas. Essas características estão presentes tanto nos romances como nos contos e crônicas que escreveu. Para ele, um escritor devia ser militante, devia usar seu talento para tentar melhorar a sociedade. Ele nunca aceitou a literatura como diletantismo, passatempo ou exibicionismo.

Escritor que viveu à margem da elite intelectual da época, muitas vezes desprezado por sua condição social e afastado dos grupos de escritores que dominavam o ambiente literário carioca, Lima Barreto sempre expressou seu repúdio a essa linguagem rebuscada, cheia de termos raros e preciosos, e ao rigor purista na construção das frases. Ele dizia que a literatura da época era "uma continuação do exame de português".

A linguagem de Lima Barreto, ao contrário, é simples e comunicativa. Ele chegou a ser considerado, na época, um escritor desleixado. No entanto, foi valorizado pelos modernistas e hoje é visto como um dos nomes mais importantes da nossa literatura.

Apesar das grandes dificuldades econômicas e dos problemas de saúde, Lima Barreto produziu uma obra extensa e variada, composta de romances, contos, crônicas e artigos. Com exceção dos romances, a maior parte dessa produção teve publicação póstuma.

> **Romances:** *Recordações do escrivão Isaías Caminha* (1909), *Triste fim de Policarpo Quaresma* (1915), *Numa e a Ninfa* (1915), *Vida e morte de M. J. Gonzaga de Sá* (1919).
> **Conto:** *Histórias e sonhos* (1920).
> **Artigos e crônicas:** *Bagatelas* (1923), *Feiras e mafuás* (1953), *Marginália* (1953), *Vida urbana* (1953).
> **Sátiras:** *Os Bruzundangas* (1923), *Coisas do reino do Jambon* (1953).
> **Memórias:** *Diário íntimo* (1953), *Cemitério dos vivos* (1953).

A LUTA CONTRA O ALCOOLISMO E A LOUCURA

Lima Barreto sofreu muito com o alcoolismo. Tinha delírios alucionatórios provocados pelo álcool e chegou a ser internado várias vezes para tratamento, mas, mesmo assim, sua saúde deteriorou-se rapidamente. A bebida era uma forma de evasão dos problemas que enfrentava na vida e cerceavam a realização de seus planos. Ele mesmo fez um depoimento pungente sobre sua condição no livro *Cemitério dos vivos*, romance de fundo autobiográfico: "(...) sem dinheiro, malvestido, sentindo a catástrofe da minha vida, fui levado às bebidas fortes e, aparentemente baratas, as que embriagam mais depressa. (...) Resvalava para a embriaguez inveterada, faltava à repartição semanas e meses. Se não ia ao centro da cidade, bebia pelos arredores da minha casa, desbragadamente. Embriagava-me antes do almoço, depois do almoço, até o jantar, e deste até a hora de dormir".

Nesse mesmo livro, falou de seus sentimentos durante o período que passou no Hospício Nacional de Alienados, no Rio de Janeiro: "Veio-me, repentinamente, um horror à sociedade e à vida, uma vontade absoluta de aniquilamento, mais do que aquele que a morte traz, um desejo de perecimento total da minha memória na terra; um desespero por ter sonhado e terem me acenado com tanta grandeza, e ver agora, de uma hora para outra, sem ter perdido de fato a minha situação, cair tão, tão baixo, que quase me pus a chorar que nem uma criança".

Ao mesmo tempo, tem consciência de que a bebida está acabando com sua vida, com os sonhos de ser um escritor reconhecido. Mas voltar para casa era um tormento, não suportava mais a loucura do pai. Por isso, refugiava-se no seu quarto, que era ao mesmo tempo escritório, biblioteca e dormitório. Lá passava horas e horas sozinho.

No seu *Diário íntimo*, no dia 5 de setembro de 1917, escreveu: "De há muito sabia que não podia beber cachaça. Ela me abala, combale, abate todo o organismo, desde os intestinos até a enervação. Já tenho sofrido muito com a teimosia de bebê-la. Preciso deixar inteiramente. No dia 30 de agosto de 1917, eu ia para a cidade, quando me senti mal. Tinha levado todo o mês a beber, sobretudo parati[1]. Bebedeira sobre bebedeira, declarada ou não. Comendo pouco e dormindo sabe Deus como. Andei porco, imundo. Ia para a cidade, quando me senti mal. Voltei para casa, muito a contragosto, pois o estado de meu pai, os seus incômodos, junto aos meus desregramentos, tornam-me a estada em casa impossível".

---

1   Parati: **aguardente de cana.**

FOTOGRAFIA DE LIMA BARRETO FEITA EM 1919, DURANTE SUA INTERNAÇÃO NO HOSPÍCIO NACIONAL.

O TRISTE FIM

Em dezembro de 1919, numa crise de delírio alcoólico, o escritor foi internado no hospício, de onde saiu em fevereiro seguinte. Aposentado desde o ano anterior por invalidez, seu estado de saúde era cada vez pior. Envelhecido precocemente, fechou-se em casa com o pai doente, completamente alienado. Lima Barreto praticamente não saía mais. Vivia calado, lendo, escrevendo. Sua irmã Evangelina cuidava do pai e do irmão com carinho. Mas o fim estava próximo.

Baseado no depoimento de Evangelina, o biógrafo Francisco de Assis Barbosa narra os últimos momentos do escritor no livro *A vida de Lima Barreto*:

"Estava enfermo, é verdade. Mas a doença não parecia grave assim, para que se pudesse supor tão próximo o desenlace. Pela manhã, Evangelina viera sentar-se à beira da cama do irmão. Tomara-lhe o pulso e a temperatura. O doente não tinha febre, havia passado bem a noite. Mais uns dias de cama — matutou com certeza — e estaria em condições de levantar-se.

A moça estava triste, não pelo irmão, mas pelo pai. João Henriques, sim, tinha as suas horas contadas. Qualquer coisa lhe prevenia que o velho almoxarife estava no fim. E Evangelina desabafou toda a sua angústia chorando no ombro do irmão. Assim ficaram durante alguns minutos. Depois, voltando à calma, Evangelina fez menção de retirar-se, mas o irmão a deteve um instante mais:

— Quero que me perdoe tudo o que fiz. A minha vida...

Não terminou a frase, com receio talvez de evitar maiores cuidados, para ordenar num tom imperativo:

— Vai ver o nosso pai. Ele não pode ficar sozinho...

À tardinha, Evangelina voltou ao quarto do irmão, que repousava tranquilamente, em meio a uma porção de livros, revistas e jornais, espalhados pela cama. Trazia-lhe uma xícara de chá com torradas. Trocaram poucas palavras os dois irmãos:

— Está melhor? — perguntou Lima Barreto, pensando sempre no pai.

— Piora a cada momento — foi a resposta. — Não posso deixá-lo. Tenho que voltar à sua cabeceira.

Lima Barreto sentara-se na cama, enquanto Evangelina dispunha a bandeja no travesseiro, que havia colocado sobre as pernas do doente. Uma hora depois, retornando ao quarto, encontraria o irmão morto".

Lima Barreto morreu de colapso cardíaco em 1º de novembro de 1922. Era dia de Todos os Santos e chovia muito. No velório, feito na própria sala da casa, não havia ninguém importante. Só a gente humilde do subúrbio onde ele morava. No enterro, poucos amigos escritores foram ao cemitério João Batista.

No seu leito de moribundo, João Henriques percebera que algo diferente estava acontecendo pela casa. No dia seguinte, perguntou pelo filho e descobriu que ele havia falecido. Ficou agitado. Evangelina tentou acalmá-lo, mas em vão. Dois dias depois, morreu. Pai e filho acabaram enterrados no mesmo túmulo humilde.

O BRASIL NA ÉPOCA
DE LIMA BARRETO

O Brasil, no fim do século XIX, ainda era uma nação de maioria analfabeta. Em 1890, em uma população de aproximadamente 14 milhões de pessoas, cerca de 12 milhões não sabiam ler nem escrever. A literatura, portanto, era uma arte de poucos para poucos. A atividade literária não era considerada uma ocupação de homens sérios. Era muito desprestigiada. Assim dizia o escritor e filósofo Farias Brito: "Aqui o homem de espírito, o pensador, o artista é objeto quase de escárnio, por parte dos senhores da situação e dos homens de Estado. Um pensador, um artista vale para eles menos que uma forte e valente cavalgadura".

Essa situação explica a baixíssima tiragem das publicações. Por isso, é compreensível que os escritores não podiam viver das letras, tendo de exercer outras profissões para sobreviver.

Início dos conflitos no povoado de Canudos, no interior da Bahia, que só terminarão no ano seguinte, provocando milhares de mortes entre a população local (integrantes de um movimento popular liderado por Antônio Conselheiro) e os soldados Exército Brasileiro.

1896

ANTONIO CONSELHEIRO.

AFONSO PENA.

1906

Afonso Pena é eleito presidente da República. Eclodem greves operárias em São Paulo, Rio de Janeiro e Recife.

COMÍCIO NO LARGO DE SÃO FRANCISCO, RIO DE JANEIRO.

1913

Operários de diversos pontos do país realizam comícios com a presença de milhares de pessoas, protestando contra a carestia, os baixos salários e as péssimas condições de trabalho. A jornada de trabalho ainda é, em média, de catorze horas diárias.

VENCESLAU BRÁS.

1914

No dia 8 de outubro, agitações operárias fazem o presidente Hermes da Fonseca decretar estado de sítio no Rio de Janeiro. Em novembro, toma posse o novo presidente eleito: Venceslau Brás.

HERMES DA FONSECA.

1910

O marechal Hermes da Fonseca é eleito presidente da República e decreta intervenção em vários estados, provocando protestos e violenta oposição.

Explode a Guerra do Contestado, conflito armado ocorrido numa região entre os estados de Santa Catarina e Paraná. Os camponeses, liderados por José Maria, que se dizia profeta, iniciam um movimento messiânico de acentuado teor político e social. O movimento é sufocado pelo general Setembrino de Carvalho.

CENA DE BATALHA DURANTE A GUERRA DO CONTESTADO.

1912

GREVE GERAL EM SÃO PAULO.

1917

Explode uma grande greve operária em São Paulo, envolvendo cerca de 70 mil trabalhadores. Nos conflitos de rua, a polícia mata um operário.

UM PAÍS COM MUITOS PROBLEMAS

Os primeiros trinta anos do governo republicano mostravam um Brasil com muitos problemas sociais e políticos. A República, proclamada em 1889, não trouxera as reformas de que o país necessitava. As desigualdades econômicas entre as diversas regiões do país — entre as áreas rural e urbana — provocavam conflitos e tensões sociais. Vejamos alguns fatos históricos que mostravam a agitação social existente então no país (no infográfico ao lado):

A POPULAÇÃO BRASILEIRA

Foi grande o crescimento populacional brasileiro nos primeiros vinte anos do século XX, aumentando a necessidade de serviços sociais básicos (escolas, saneamento, hospitais etc.), aos quais a maioria da população não tinha acesso.

1900: 17.438.434 habitantes
1920: 30.635.605 habitantes
Fonte: Instituto Brasileiro de Geografia e Estatística (2011).

Sucessivas levas de imigrantes contribuíram para diversificar ainda mais os tipos físicos da população brasileira. De 1904 a 1923, entraram no Brasil cerca de 1,5 milhão de imigrantes, a maioria portugueses, espanhóis e italianos. Na década de 1920, intensificou-se a imigração japonesa.

O quadro abaixo, de 1933, mostra homens e mulheres brancos, morenos, negros, loiros, orientais. Essa variedade revela a forte presença dos imigrantes na época. Era uma nova classe operária que surgia. Ao fundo, as chaminés revelam o crescimento industrial que se acelerava. Formava-se assim uma nova sociedade que, aos poucos, foi sendo cada vez mais representada na literatura.

OPERÁRIOS, DE TARSILA DO AMARAL.

© Romulo Fialdini/Tempo Composto - Acervo Artístico-cultural dos Palácios do Governo do estado de São Paulo, São Paulo

O PRÉ-MODERNISMO

No início do século XX, a literatura brasileira, de modo geral, não apresentava sinais de renovação. O mundo se transformava, as cidades cresciam, a sociedade mudava, mas a nossa literatura praticamente ainda vivia presa aos velhos temas parnasianos e românticos e o Realismo parecia ter esgotado sua veia crítica. Os movimentos artísticos que agitavam a Europa não repercutiam no ambiente cultural do Brasil, bastante provinciano e acanhado.

Entre 1900 e 1922, poucos escritores produziram obras que mostravam uma visão crítica da nossa realidade. Euclides da Cunha, Monteiro Lobato e Lima Barreto foram alguns dos que transformaram a literatura, em maior ou menor grau, numa forma de análise bastante crítica da vida brasileira em suas diferentes dimensões. São considerados, assim, uma espécie de precursores de importantes autores que surgiram depois de 1922, no Modernismo. Por esse motivo, são chamados pré-modernistas.

RIO DE JANEIRO, A CAPITAL FEDERAL

A cidade do Rio de Janeiro, apesar de ser a capital federal, apresentava muitos problemas sociais, acentuando bem a desigualdade que havia entre os ricos e os pobres, entre os moradores dos palacetes e os que viviam nos subúrbios abandonados pelo poder público. Lima Barreto comenta frequentemente esses problemas em suas crônicas, romances e artigos.

De qualquer forma, a cidade transformava-se. Abriram-se os primeiros cinematógrafos — antepassados dos nossos cinemas —, homens e mulheres elegantes passeavam pelas ruas das lojas sofisticadas, as grandes confeitarias se tornaram pontos de escontro de escritores, jornalistas e pessoas da alta sociedade que lá se reuniam para um lanche, para verem e serem vistas... E havia ainda o carnaval e o futebol. Sem esquecer da Academia Brasileira de Letras, que, fundada em 1897, agrupava os escritores que eram considerados nossa elite literária, muito criticada por Lima Barreto por sua resistência em fazer da literatura uma forma vigorosa de combate e denúncia dos graves problemas sociais e políticos que assolavam o país.

CONFEITARIA COLOMBO, UMA DAS MAIS FREQUENTADAS DO RIO DE JANEIRO NAQUELA ÉPOCA.

CARNAVAL CARIOCA EM 1910.

PASSEIO PELA AVENIDA CENTRAL (REVISTA *FON FON*, 1911).

MULHERES CIRCULANDO PELA AVENIDA CENTRAL (REVISTA *CARETA*, 1912).

Lima Barreto escreveu crônicas praticamente a vida toda. Desde seus tempos de estudante de engenharia colaborava com vários jornais e revistas, mas foi apenas depois de sua morte que esses textos foram reunidos e publicados em livros, como *Marginália, Vida urbana, Feiras e Mafuás* e *Bagatelas*.

As crônicas apresentadas a seguir foram extraídas dos volumes lançados em 1956 pela editora Brasiliense com o título geral de *Obras de Lima Barreto*, sob a direção de Francisco de Assis Barbosa. No fim de cada crônica, entre parênteses, cita-se a data de sua publicação.

> **Esse estudante era a coisa mais preciosa que tinha encontrado na minha vida. Como era ilustrado! Como falava bem! Que magnífico deputado não iria dar?**

QUASE DOUTOR

A nossa instrução pública cada vez que é reformada, reserva para o observador surpresas admiráveis. Não há oito dias, fui apresentado a um moço, aí dos seus vinte e poucos anos, bem posto em roupas, anéis, gravatas, bengalas etc. O meu amigo Seráfico Falcote, estudante, disse-me o amigo comum que nos pôs em relações mútuas.

O senhor Falcote logo nos convidou a tomar qualquer coisa e fomos os três a uma confeitaria. Ao sentar-se, assim falou o anfitrião:

— Caxero[1], traz aí quarqué cosa de bebê e comê.

Pensei de mim para mim: esse moço foi criado na roça, por isso adquiriu esse modo feio de falar. Vieram as bebidas e ele disse ao nosso amigo:

— Não sabe Cunugunde: o véio tá i.

O nosso amigo comum respondeu:

— Deves então andar bem de dinheiros.

— Quá ele tá i nós não arranja nada. Quando escrevo é aquela certeza. De boca, não se cava[2]... O véio óia, óia e dá o fora.

Continuamos a beber e a comer alguns camarões e empadas. A conversa veio a cair sobre a guerra europeia. O estudante era alemão dos quatro costados[3].

— Alamão — disse ele — vai vencer por uma força. Tão aqui, tão em Londres.

— Qual!

— Pois óie: eles toma Paris, atravessa o Sena e é um dia inguelês[4].

---

1 Caxero: forma errada de "caixeiro", pessoa que serve os clientes numa loja, confeitaria etc.
2 Não se cava: não se arranja nada.
3 Era alemão dos quatro costados: era completamente a favor dos alemães.
4 Inguelês: inglês. A frase significa: "e é um dia o inglês", isto é, "e será o fim dos ingleses".

Fiquei surpreendido com tão furioso tipo de estudante. Ele olhou a garrafa de *vermouth* e observou:

— Francês tem muita parte... Escreve de um jeito e fala de outro.

— Como?

— Óie aqui: não está *vermouth*, como é que se diz "vermute"? Pra que tanta parte?

Continuei estuporado[1] e o meu amigo, ou antes, o nosso amigo parecia não ter qualquer surpresa com tão famigerado estudante.

— Sabe — disse este — quase que fui com o dotô Lauro.

— Por que não foi? — perguntei.

— Não posso andá por terra.

— Tem medo?

— Não. Mas óie que ele vai por Mato Grosso e não gosto de andá pelo mato.

Esse estudante era a coisa mais preciosa que tinha encontrado na minha vida. Como era ilustrado! Como falava bem! Que magnífico deputado não iria dar? Um figurão para o partido da Rapadura.

O nosso amigo indagou dele em certo momento:

— Quando te formas?

— No ano que vem.

Caí das nuvens. Este homem já tinha passado tantos exames e falava daquela forma e tinha tão firmes conhecimentos!

O nosso amigo indagou ainda:

— Tens tido boas notas?

— Tudo. Espero tirá a medáia.

(08 maio 1915)

1. Que aspectos da sociedade brasileira são satirizados nessa crônica?
2. Pode-se dizer que a ironia é a figura de linguagem que predomina na construção dessa crônica? Por quê?

---

1 Estuporado: **pasmado.**

Uma vergonha!

AS ENCHENTES

   As chuvaradas de verão, quase todos os anos, causam no nosso Rio de Janeiro inundações desastrosas.
     Além da suspensão total do tráfego, com uma prejudicial interrupção das comunicações entre os vários pontos da cidade, essas inundações causam desastres pessoais lamentáveis, muitas perdas de haveres e destruição de imóveis.

De há muito que a nossa engenharia municipal se devia ter compenetrado do dever de evitar tais acidentes urbanos.

Uma arte tão ousada e quase tão perfeita, como é a engenharia, não deve julgar irresolvível tão simples problema.

O Rio de Janeiro, da avenida, dos *squares*[1], dos freios elétricos, não pode estar à mercê de chuvaradas, mais ou menos violentas, para viver a sua vida integral.

Como está acontecendo atualmente, ele é função da chuva. Uma vergonha!

Não sei nada de engenharia, mas, pelo que me dizem os entendidos, o problema não é tão difícil de resolver como parece fazerem constar os engenheiros municipais, procrastinando a solução da questão.

O Prefeito Passos, que tanto se interessou pelo embelezamento da cidade, descurou completamente de solucionar esse defeito do nosso Rio.

Cidade cercada de montanhas e entre montanhas, que recebe violentamente grandes precipitações atmosféricas, o seu principal defeito a vencer era esse acidente das inundações.

Infelizmente, porém, nos preocupamos muito com os aspectos externos, com as fachadas, e não com o que há de essencial nos problemas da nossa vida urbana, econômica, financeira e social.

(19 jan. 1915)

1. O problema urbano apontado nessa crônica ainda persiste em nosso país?
2. A crítica social expressa no último parágrafo ainda é válida em nossos dias? Por quê?

---

1 *Squares* (em inglês): praças.

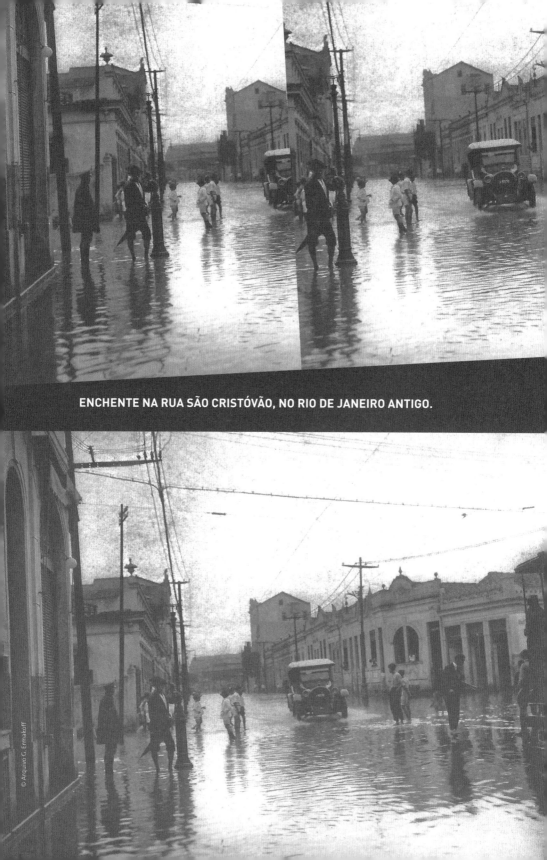

ENCHENTE NA RUA SÃO CRISTÓVÃO, NO RIO DE JANEIRO ANTIGO.

> **Duas senhoras, ambas ultravidentes, extralúcidas e não sei que mais, aborreceram-se e anda uma delas a dizer da outra cobras e lagartos.**

NÃO SE ZANGUEM

A cartomancia[1] entrou decididamente na vida nacional.

Os anúncios dos jornais todos os dias proclamam aos quatro ventos as virtudes miríficas[2] das pitonisas[3].

Não tenho absolutamente nenhuma ojeriza[4] pelas adivinhas; acho até que são bastante úteis, pois mantêm e sustentam no nosso espírito essa coisa que é mais necessária à nossa vida que o próprio pão: a ilusão.

Noto, porém, que no arraial dessa gente que lida com o destino, reina a discórdia [...].

A política, que sempre foi a inspiradora de azedas polêmicas, deixou um instante de sê-lo e passou a vara[5] à cartomancia.

Duas senhoras, ambas ultravidentes, extralúcidas e não sei que mais, aborreceram-se e anda uma delas a dizer da outra cobras e lagartos.

Como se pode compreender que duas sacerdotisas do invisível não se entendam e deem ao público esse espetáculo de brigas tão pouco próprio a quem recebeu dos altos poderes celestiais virtudes excepcionais?

A posse de tais virtudes devia dar-lhes uma mansuetude[6], uma tolerância, um abandono dos interesses terrestres, de forma a impedir que o azedume[7] fosse logo abafado nas suas almas extraordinárias e não rebentasse em disputas quase sangrentas.

---

1 Cartomancia: **adivinhação do futuro por meio das cartas de baralho.**
2 Miríficas: **extraordinárias, maravilhosas.**
3 Pitonisas: **profetisas; as pitonisas eram as mulheres que prediziam o futuro nos templos dos deuses antigos, principalmente no mundo grego e romano.**
4 Ojeriza: **antipatia, aversão.**
5 Passou a vara: **passou a vez.**
6 Mansuetude: **mansidão.**
7 Azedume: **mau humor, irritação.**

Uma cisão[1], um cisma[2] nessa velha religião de adivinhar o futuro, é fato por demais grave e pode ter consequências desastrosas.

Suponham que F. tenta saber da cartomante X se coisa essencial à sua vida vai dar-se[3] e a cartomante, que é dissidente da ortodoxia[4], por pirraça diz que não.

O pobre homem aborrece-se, vai para casa de mau humor e é capaz de suicidar-se.

O melhor, para o interesse dessa nossa pobre humanidade, sempre necessitada de ilusões, venham de onde vier, é que as nossas cartomantes vivam em paz e se entendam para nos ditar bons horóscopos.

(26 dez. 1914)

1. Se as cartomantes são o que elas mesmas dizem ser, por que diz o cronista que uma briga entre elas seria injustificável?
2. Segundo o cronista, as cartomantes são "bastante úteis". Por quê? Você concorda com ele?
3. Você conhece outras formas de "adivinhação" do futuro que ainda são praticadas hoje em dia? Quais?

---

1 Cisão: **separação, divisão.**
2 Cisma: **separação de dois grupos por divergências de opinião.**
3 Vai dar-se: **vai acontecer.**
4 Dissidente da ortodoxia: **pessoa que discorda da opinião geral.**

Deixem as mulheres amar à vontade.

NÃO AS MATEM

Esse rapaz que, em Deodoro[1], quis matar a ex-noiva e suicidou-se em seguida, é um sintoma da revivescência[2] de um sentimento que parecia ter morrido no coração dos homens: o domínio, *quand même*[3], sobre a mulher.

---

1 Deodoro: **bairro carioca.**
2 Revivescência: **renascimento.**
3 *Quand même* (em francês): **apesar de tudo; por mais estranho que pareça.**

O caso não é único. Não há muito tempo, em dias de carnaval, um rapaz atirou sobre a ex-noiva, lá pelas bandas do Estácio[1], matando-se em seguida. A moça com a bala na espinha, veio morrer, dias após, entre sofrimentos atrozes[2].

Um outro, também, pelo carnaval, ali pelas bandas do ex-futuro Hotel Monumental, que substituiu com montões de pedras o vetusto[3] Convento da Ajuda, alvejou a sua ex-noiva e matou-a.

Todos esses senhores parece que não sabem o que é a vontade dos outros.

Eles se julgam com o direito de impor o seu amor ou o seu desejo a quem não os quer. Não sei se se julgam muito diferentes dos ladrões à mão armada; mas o certo é que estes não nos arrebatam senão o dinheiro, enquanto esses tais noivos assassinos querem tudo que é de mais sagrado em outro ente[4], de pistola na mão.

O ladrão ainda nos deixa com vida, se lhe passamos o dinheiro; os tais passionais[5], porém, nem estabelecem a alternativa: a bolsa ou a vida. Eles, não; matam logo.

Nós já tínhamos os maridos que matavam as esposas adúlteras; agora temos os noivos que matam as ex-noivas.

De resto, semelhantes cidadãos são idiotas. É de supor que, quem quer casar, deseje que a sua futura mulher venha para o tálamo conjugal[6] com a máxima liberdade, com a melhor boa-vontade, sem coação[7] de espécie alguma, com ardor[8] até, com ânsia[9] e grandes desejos; como é então que se castigam as moças que confessam não sentir mais pelos namorados amor ou coisa equivalente?

Todas as considerações que se possam fazer, tendentes[10] a convencer os homens de que eles não têm sobre as mulheres domínio outro que não aquele que venha da afeição, não devem ser desprezadas.

---

1 Estácio: **bairro carioca.**
2 Atrozes: **terríveis.**
3 Vetusto: **antigo.**
4 Ente: **ser, pessoa.**
5 Passionais: **homens dominados por uma paixão cega.**
6 Tálamo conjugal: **leito de casados.**
7 Coação: **ação de coagir, de obrigar alguém a fazer o que não quer.**
8 Ardor: **paixão.**
9 Ânsia: **ansiedade.**
10 Tendentes: **que têm por objetivo.**

Esse obsoleto[1] domínio à valentona, do homem sobre a mulher, é coisa tão horrorosa, que enche de indignação.

O esquecimento de que elas são, como todos nós, sujeitas a influências várias que fazem flutuar as suas inclinações, as suas amizades, os seus gostos, os seus amores, é coisa tão estúpida, que, só entre selvagens deve ter existido.

Todos os experimentadores e observadores dos fatos morais têm mostrado a inanidade[2] de generalizar a eternidade do amor.

Pode existir, existe, mas, excepcionalmente; e exigi-la nas leis ou a cano de revólver, é um absurdo tão grande como querer impedir que o sol varie a hora do seu nascimento.

Deixem as mulheres amar à vontade.

Não as matem, pelo amor de Deus!

(27 jan. 1915)

1. O que o cronista aponta como causa da violência de certos homens contra as mulheres?
2. Por que o autor diz que exigir a eternidade do amor "nas leis ou a cano de revólver" é um absurdo? Você concorda com esse ponto de vista?
3. Considerando a sociedade de hoje, pode-se dizer que o tema dessa crônica não se aplica mais aos nossos dias? Por quê?

---

1 Obsoleto: **ultrapassado, antiquado.**
2 Inanidade: **inutilidade.**

NO INÍCIO DO SÉCULO XX, AS MULHERES ERAM ELEGANTES EM TODAS AS SITUAÇÕES, TANTO EM EVENTOS SOCIAIS COMO NA PRAIA.

— Querem ver que perdemos o defunto?

OS ENTERROS DE INHAÚMA

[...]
Tinha morrido o Felisberto Catarino, operário, lustrador e empalhador numa oficina de móveis de Cascadura. Ele morava no Engenho de Dentro[1], em casa própria, com razoável quintal, onde havia, além de alguns pés de laranjeiras, uma umbrosa[2] mangueira, debaixo da qual, aos domingos, reunia colegas e amigos para bebericar e jogar a bisca[3].

---

1   Engenho de Dentro: bairro carioca, assim como Inhaúma e Cascadura.
2   Umbrosa: que dá boa sombra.
3   Bisca: um tipo de jogo de cartas.

Catarino gozava de muita estima, tanto na oficina como na vizinhança.

Como era de esperar, o seu enterro foi muito concorrido e feito a pé, com um denso acompanhamento. De onde ele morava, até o cemitério de Inhaúma, era um bom pedaço; mas os seus amigos a nada quiseram atender. Resolveram levá-lo mesmo a pé. Lá fora, e no trajeto, por tudo que era botequim e taverna por que passavam, bebiam o seu trago. Quando o caminho se tornou mais deserto até os condutores do esquife[1] deixavam-no na borda da estrada e iam à taverna "desalterar"[2]. Numa das últimas etapas do itinerário, os que carregavam resolveram de mútuo acordo deixar o pesado fardo para os outros e encaminharam-se sub-repticiamente[3] para a porta do cemitério. Tanto estes como os demais — é de toda a conveniência dizer — já estavam bem transtornados pelo álcool. Outro grupo concordou fazer o mesmo que tinham feito os carregadores dos despojos mortais de Catarino; um outro, idem; e, assim, todo o acompanhamento dividido em grupos tomou o rumo do portão do campo-santo[4], deixando o caixão fúnebre com o cadáver de Catarino dentro abandonado à margem da estrada.

Na porta do cemitério, cada um esperava ver chegar o esquife pelas mãos de outros que não as deles; mas nada de chegar. Um, mais audaz[5], após algum tempo de espera, dirigindo-se a todos os companheiros, disse bem alto:

— Querem ver que perdemos o defunto?

— Como? — perguntaram os outros, a uma voz.

— Ele não aparece e estamos todos aqui — refletiu o da iniciativa.

— É verdade — fez outro.

Alguém então aventou[6]:

— Vamos procurá-lo. Não seria melhor?

E todos voltaram sobre os seus passos, para procurar aquela agulha em palheiro...

---

1   Esquife: **caixão de defunto.**
2   Desalterar: **matar a sede.**
3   Sub-repticiamente: **disfarçadamente.**
4   Campo-santo: **cemitério.**
5   Audaz: **corajoso.**
6   Aventou: **sugeriu.**

Tristes enterros de Inhaúma! Não fossem essas tintas pinturescas[1] e pitorescas[2] de que vos revestis de quando em quando, de quanta reflexão acabrunhadora[3] não havíeis de sugerir aos que vos veem passar; e como não convenceríeis também a eles que a maior dor desta vida não é morrer...

(26 ago 1922)

1. Que fato engraçado quebra a seriedade da narração do enterro?
2. Por que o cronista afirma que quem visse esses tristes enterros de Inhaúma, como de outros subúrbios pobres, poderia ficar convencido de "que a maior dor desta vida não é morrer..."?

---

1 Pinturescas: **dignas de serem pintadas, representadas.**
2 Pitorescas: **curiosas.**
3 Acabrunhadora: **magoada.**

> **Afinal a lei foi assinada e, num segundo, todos aqueles milhares de pessoas o souberam. A princesa veio à janela. Foi uma ovação: palmas, acenos com lenço, vivas...**

MAIO

Estamos em maio, o mês das flores, o mês sagrado pela poesia. Não é sem emoção que o vejo entrar. Há em minha alma um renovamento; as ambições desabrocham de novo e, de novo, me chegam revoadas de sonhos. Nasci sob o seu signo, a treze, e creio que em sexta-feira; e, por isso, também à emoção que o mês sagrado me traz, se misturam recordações da minha meninice.

Agora mesmo estou a lembrar-me que, em 1888, dias antes da data áurea, meu pai chegou em casa e disse-me: a lei da abolição vai passar no dia de teus anos. E de fato passou; e nós fomos esperar a assinatura no largo do Paço.

Na minha lembrança desses acontecimentos, o edifício do antigo paço[1], hoje repartição dos Telégrafos, fica muito alto, um *sky-scraper*[2]; e lá de uma das janelas eu vejo um homem que acena para o povo.

Não me recordo bem se ele falou e não sou capaz de afirmar se era mesmo o grande Patrocínio[3].

Havia uma imensa multidão ansiosa, com o olhar preso às janelas do velho casarão. Afinal a lei foi assinada e, num segundo, todos aqueles milhares de pessoas o souberam. A princesa[4] veio à janela. Foi uma ovação: palmas, acenos com lenço, vivas...

---

1   Paço: palácio imperial.

2   *Sky-scraper* (em inglês): arranha-céu.

3   José do Patrocínio (1853-1905): jornalista e político brasileiro que participou ativamente na campanha pela libertação dos escravos.

4   Princesa Isabel (1846-1921): filha mais velha do imperador D. Pedro II e sua esposa Teresa Cristina. Como o imperador estava fora do país naquele período, foi a princesa que assinou a Lei Áurea, no dia 13 de maio de 1808, decretando o fim da escravidão no Brasil.

Fazia sol e o dia estava claro. Jamais, na minha vida, vi tanta alegria. Era geral, era total; e os dias que se seguiram, dias de folganças[1] e satisfação, deram-me uma visão da vida inteiramente festa e harmonia.

Houve missa campal, no Campo de São Cristóvão. Eu fui também com meu pai; mas pouco me recordo dela, a não ser lembrar-me que, ao assisti-la, me vinha aos olhos a *Primeira missa*, de Victor Meirelles[2]. Era como se o Brasil tivesse sido descoberto outra vez... Houve o barulho de bandas de músicas, de bombas e girândolas[3], indispensável aos nossos regozijos[4]; e houve também préstitos[5] cívicos. [...] Construíram-se estrados para bailes populares; houve desfile de batalhões escolares e eu me lembro que vi a princesa imperial, na porta da atual Prefeitura, cercada de filhos, assistindo àquela fieira[6] de numerosos soldados desfiar[7] devagar. Devia ser de tarde, ao anoitecer.

Ela me parecia loura, muito loura, maternal, com um olhar doce e apiedado[8]. Nunca mais a vi e o imperador nunca vi, mas me lembro dos seus carros, aqueles enormes carros dourados, puxados por quatro cavalos, com cocheiros montados e um criado à traseira.

Eu tinha então sete anos e o cativeiro não me impressionava. Não lhe imaginava o horror; não conhecia a sua injustiça. Eu me recordo, nunca conheci uma pessoa escrava. Criado no Rio de Janeiro, na cidade, onde já os escravos rareavam, faltava-me o conhecimento direto da vexatória[9] instituição, para lhe sentir bem os aspectos hediondos[10].

Era bom saber se a alegria que trouxe à cidade a lei da abolição foi geral pelo país. Havia de ser, porque já tinha entrado na consciência de todos a injustiça originária da escravidão.

Quando fui para o colégio, um colégio público, à rua do Resende, a alegria entre a criançada era grande. Nós não sabíamos o alcance da lei, mas a alegria ambiente nos tinha tomado.

---

1 Folganças: **folguedos, brincadeiras.**
2 Victor Meirelles (1832-1903): **pintor brasileiro, autor de quadros famosos, entre eles** *A primeira missa no Brasil*, **de 1861.**
3 Girândolas: **conjunto de fogos de artifício.**
4 Regozijos: **prazeres, alegrias.**
5 Préstitos: **cortejos.**
6 Fieira: **fileira.**
7 Desfiar: **desfilar.**
8 Apiedado: **piedoso.**
9 Vexatória: **vergonhosa.**
10 Hediondos: **horríveis, repugnantes.**

JOSÉ DO PATROCÍNIO

PRINCESA ISABEL

A ABOLIÇÃO DA ESCRAVIDÃO FOI A MANCHETE DO DIA 13 DE MAIO DE 1888 NO JORNAL *GAZETA DE NOTÍCIAS*.

A professora, Dona Teresa Pimentel do Amaral, uma senhora muito inteligente, a quem muito deve o meu espírito, creio que nos explicou a significação da coisa; mas com aquele feitio mental de criança, só uma coisa me ficou: livre! livre!

Julgava que podíamos fazer tudo que quiséssemos; que dali em diante não havia mais limitação aos propósitos da nossa fantasia.

Parece que essa convicção era geral na meninada, porquanto um colega meu, depois de um castigo, me disse: "Vou dizer a papai que não quero voltar mais ao colégio. Não somos todos livres?"

Mas como ainda estamos longe de ser livres! Como ainda nos enleamos[1] nas teias dos preceitos[2], das regras e das leis! [...]

(04 maio 1911)

1. Por que o autor diz que, quando era criança, o cativeiro, isto é, a escravidão, não o impressionava?
2. O fim da escravidão realmente trouxe a igualdade entre todos os brasileiros? Por quê?

---

1 Enleamos: **embaraçamos, prendemos.**
2 Preceitos: **ordens, recomendações.**

E o Brasil é um país rico, muito rico...

PAÍS RICO

Não há dúvida alguma que o Brasil é um país muito rico. Nós que nele vivemos; não nos apercebemos bem disso, e até, ao contrário, o supomos muito pobre, pois a toda hora e a todo instante, estamos vendo o governo lamentar-se que não faz isto ou não faz aquilo por falta de verba.

Nas ruas da cidade, nas mais centrais até, andam pequenos vadios, a cursar a perigosa universidade da calaçaria[1] das sarjetas, aos quais o governo não dá destino, não os mete num asilo, num colégio profissional qualquer, porque não tem verba, não tem dinheiro. E o Brasil é rico...

Surgem epidemias pasmosas[2], a matar e a enfermar[3] milhares de pessoas, que vêm mostrar a falta de hospitais na cidade, a má localização dos existentes. Pede-se a construção de outros bem situados; e o governo responde que não pode fazer porque não tem verba, não tem dinheiro. E o Brasil é um país rico.

Anualmente cerca de duas mil mocinhas procuram uma escola anormal ou anormalizada, para aprender disciplinas úteis. Todos observam o caso e perguntam:

— Se há tantas moças que desejam estudar, por que o governo não aumenta o número de escolas a elas destinadas?

O governo responde:

— Não aumento porque não tenho verba, não tenho dinheiro.

E o Brasil é um país rico, muito rico...

As notícias que chegam das nossas guarnições fronteiriças são desoladoras. Não há quartéis; os regimentos de cavalaria não têm cavalos, etc., etc.

---

1 Calaçaria: **vadiagem**.
2 Pasmosas: **espantosas**.
3 Enfermar: **deixar doentes**.

— Mas que faz o governo — raciocina Brás Bocó — que não constrói quartéis e não compra cavalhadas¹?

O doutor Xisto Beldroegas, funcionário respeitável do governo, acode logo:

— Não há verba; o governo não tem dinheiro.

E o Brasil é um país rico; e tão rico é ele, que apesar de não cuidar dessas coisas que vim enumerando, vai dar trezentos contos para alguns latagões² irem ao estrangeiro divertir-se com os jogos de bola³ como se fossem crianças de calças curtas, a brincar nos recreios dos colégios.

O Brasil é um país rico...

(08 maio 1920)

1. Que problemas sociais o autor aponta nessa crônica?
2. Com que intenção o autor mencionou os gastos com a seleção brasileira de futebol? Com essa citação, o que ele quis destacar?
3. Você acha que essa crônica poderia ainda se referir ao Brasil atual? Por quê?

---

1 Cavalhadas: **manada de cavalos.**
2 Latagões: **homens jovens e fortes.**
3 Alusão aos gastos com a seleção brasileira, por ocasião do Campeonato Sul-Americano de Futebol, no Chile, realizado em setembro e outubro de 1920.

Lima Barreto escreveu esse desabafo no seu *Diário íntimo*. De fato, era triste não ser branco numa sociedade com forte preconceito racial.

Esse preconceito exasperava o escritor. Sabia que era um homem culto, inteligente, mas, por ser mulato, era tratado pelos outros como inferior, era humilhado. As portas fechavam-se para ele, dificultando muito sua carreira e sua própria condição econômica.

No romance *Recordações do escrivão Isaías Caminha*, Lima Barreto quis mostrar o quanto "um rapaz nas condições de Isaías, com todas as disposições, pode falhar, não em virtude de suas qualidades intrínsecas, mas batido, esmagado, prensado pelo preconceito".

Uma obra de arte que representa bem essa questão do preconceito da época é o quadro *A redenção de Cam* (ver imagem na p. 52).

Na Exposição Geral de 1895, esse quadro do pintor espanhol naturalizado brasileiro Modesto Brocos (1852-1936) ganhou a primeira medalha de ouro, tendo sido adquirido para fazer parte da coleção da Escola Nacional de Belas Artes.

Na obra, temos uma clara expressão do preconceito racial da época no Brasil. Havia uma forte corrente de pensamento que afirmava que a presença do elemento negro "estragaria" a sociedade brasileira por ser uma "raça" inferior; por isso, a solução era diminuir o máximo possível a existência dos negros na população, favorecendo a imigração de pessoas brancas. Era um projeto de "branqueamento" da nossa sociedade, que tinha apoio de intelectuais e cientistas, pois a crença de que havia raças superiores e inferiores era generalizada e aceita em muitos países considerados avançados e civilizados. Não é necessário destacar que esses pretensos conceitos "científicos" estão totalmente ultrapassados hoje em dia.

O título do quadro, *A redenção de Cam*, refere-se a Cam, personagem bíblico, filho de Noé. Cam e seus dois irmãos herdaram toda a terra depois do dilúvio que destruiu a humanidade. Eles seriam, portanto, os pais das raças humanas que se formaram com o tempo. Na história bíblica, Cam é condenado por Noé a ser escravo de seus tios. Além disso, Cam teria sido o pai da raça negra, por causa da associação de seu nome com uma antiga palavra egípcia que significa preto. No século XIX, essa conexão entre o elemento negro e o escravismo, por incrível que pareça aos nossos olhos hoje, reforçou a postura racista e a crença de que os negros tinham sido destinados por Deus à escravidão.

O quadro mostra uma mulher idosa negra levantando as mãos para o céu como se agradecesse a Deus. Seu gesto parece replicado na palmeira que avança para o alto. Uma jovem negra, sentada, aponta para a mulher, mostrando-a ao filho que tem no colo. Ao lado da mãe, vemos um homem branco, sentado perto dela, bem à vontade e com ar de satisfação. Por que essa cena leva o título de *A redenção de Cam*? A palavra redenção significa salvação, recuperação. Considerando o que vimos sobre a história de Cam, como explicar o título e relacionar a obra à mentalidade racista da época?

O historiador da arte Rafael Cardoso, no livro *A arte brasileira em 25 quadros (1790-1930)*, assim explica: "O pintor pretende que o espectador chegue à conclusão de que a criança é filha da mulher com o homem e neta da senhora idosa. Sendo assim, o bebê seria a prova viva do branqueamento racial. Filho de mãe mestiça com um pai de tipo ibérico, o branquíssimo bebê teria uma avó negra, confirmando assim a pretensão comum da época de "melhorar a raça" por meio do influxo de imigrantes europeus".

Ainda passaria muito tempo para que essa mentalidade fosse considerada ultrapassada, embora não esteja de todo extinta, mesmo nos dias de hoje.

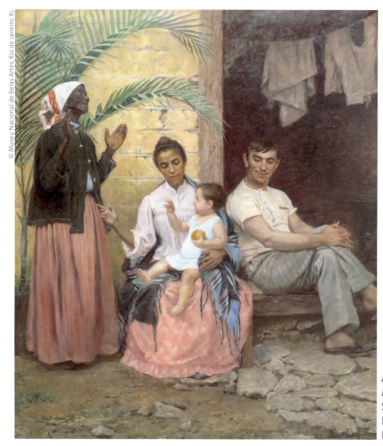

A REDENÇÃO DE CAM, ÓLEO SOBRE TELA, DE MODESTO BROCOS (1895).

CONTOS

Assim como ocorreu com as crônicas, nem todos os contos de Lima Barreto foram publicados em livros durante sua vida. Os textos reproduzidos a seguir — *A nova Califórnia* e *O homem que sabia javanês* — foram publicados como apêndice na primeira edição do romance *Triste fim de Policarpo Quaresma*, em 1915.

> **E a vila vivia em sobressalto. Nas faces não se lia mais paz; os negócios estavam paralisados; os namoros suspensos. Dias e dias por sobre as casas pairavam nuvens negras e, à noite, todos ouviam ruídos, gemidos, barulhos sobrenaturais... Parecia que os mortos pediam vingança...**

A NOVA CALIFÓRNIA

1

Ninguém sabia donde viera aquele homem. O agente do Correio pudera apenas informar que acudia ao nome de Raimundo Flamel, pois assim era subscrita a correspondência que recebia. E era grande. Quase diariamente, o carteiro lá ia a um dos extremos da cidade, onde morava o desconhecido, sopesando[1] um maço alentado[2] de cartas vindas do mundo inteiro, grossas revistas em línguas arrevesadas[3], livros, pacotes...

---

1 Sopesando: **carregando.**
2 Alentado: **muito grande.**
3 Arrevesadas: **obscuras, difíceis de pronunciar.**

Quando Fabrício, o pedreiro, voltou de um serviço em casa do novo habitante, todos na venda perguntaram-lhe que trabalho lhe tinha sido determinado.

— Vou fazer um forno — disse o preto — na sala de jantar.

Imaginem o espanto da pequena cidade de Tubiacanga, ao saber de tão extravagante construção: um forno na sala de jantar! E, pelos dias seguintes, Fabrício pôde contar que vira balões de vidros, facas sem corte, copos como os da farmácia — um rol de coisas esquisitas a se mostrarem pelas mesas e prateleiras como utensílios de uma cozinha em que o próprio diabo cozinhasse.

O alarme se fez na vila. Para uns, os mais adiantados, era um fabricante de moeda falsa; para outros, os crentes e simples, um tipo que tinha parte com o tinhoso[1].

Chico da Tirana, o carreiro, quando passava em frente da casa do homem misterioso, ao lado do carro a chiar, e olhava a chaminé da sala de jantar a fumegar, não deixava de persignar-se[2] e rezar um "credo" em voz baixa; e, não fora a intervenção do farmacêutico, o delegado teria ido dar um cerco na casa daquele indivíduo suspeito, que inquietava a imaginação de toda uma população.

Tomando em consideração as informações de Fabrício, o boticário[3] Bastos concluíra que o desconhecido devia ser um sábio, um grande químico, refugiado ali para mais sossegadamente levar avante os seus trabalhos científicos.

Homem formado e respeitado na cidade, vereador, médico também, porque o doutor Jerônimo não gostava de receitar e se fizera sócio da farmácia para mais em paz viver, a opinião de Bastos levou tranquilidade a todas as consciências e fez com que a população cercasse de uma silenciosa admiração à pessoa do grande químico, que viera habitar a cidade.

De tarde, se o viam a passear pela margem do Tubiacanga, sentando-se aqui e ali, olhando perdidamente as águas claras do riacho, cismando diante da penetrante melancolia do crepúsculo, todos se descobriam e não era raro que às "boas-noites" acrescentassem "doutor". E tocava muito o coração daquela gente a profunda simpatia com que ele tratava as crianças, a maneira pela qual as contemplava, parecendo apiedar-se de que eles tivessem nascido para sofrer e morrer.

---

1 Tinhoso: **diabo.**
2 Persignar-se: **fazer o sinal da cruz.**
3 Boticário: **farmacêutico.**

Na verdade era de ver-se, sob a doçura suave da tarde, a bondade de Messias com que ele afagava[1] aquelas crianças pretas, tão lisas de pele e tão tristes de modo, mergulhadas no seu cativeiro moral, e também as brancas, de pele baça[2], gretada[3] e áspera, vivendo amparadas na necessária caquexia[4] dos trópicos.

Por vezes, vinha-lhe vontade de pensar qual a razão de ter Bernardin de Saint-Pierre[5] gasto toda a sua ternura com Paulo e Virgínia e esquecer-se dos escravos que os cercavam...

Em poucos dias a admiração pelo sábio era quase geral, e não o era unicamente porque havia alguém que não tinha em grande conta os méritos do novo habitante.

Capitão Pelino, mestre-escola e redator da *Gazeta de Tubiacanga*, órgão local e filiado ao partido situacionista, embirrava com o sábio. "Vocês hão de ver, dizia ele, quem é esse tipo... Um caloteiro, um aventureiro ou talvez um ladrão fugido do Rio".

A sua opinião em nada se baseava, ou antes, baseava-se no seu oculto despeito vendo na terra um rival para a fama de sábio de que gozava. Não que Pelino fosse químico, longe disso; mas era sábio, era gramático. Ninguém escrevia em Tubiacanga que não levasse bordoada do Capitão Pelino, e mesmo quando se falava em algum homem notável lá no Rio, ele não deixava de dizer: "Não há dúvida! O homem tem talento, mas escreve: 'um outro', 'de resto'...". E contraía os lábios como se tivesse engolido alguma coisa amarga.

Toda a vila de Tubiacanga acostumou-se a respeitar o solene Pelino, que corrigia e emendava as maiores glórias nacionais. Um sábio...

Ao entardecer, depois de ler um pouco o Sotero, o Cândido de Figueiredo ou o Castro Lopes[6], e de ter passado mais uma vez a tintura nos cabelos, o velho mestre-escola saía vagarosamente de casa, muito abotoado no seu paletó de brim mineiro, e encaminhava-se para a botica do Bastos a dar dois dedos de prosa. Conversar é um modo de dizer, porque era Pelino avaro de palavras, limitando-se

---

1 Afagava: **tratava com carinho.**
2 Baça: **sem brilho.**
3 Gretada: **pele que apresenta finas rachaduras, que não é lisa.**
4 Necessária caquexia: **inevitável enfraquecimento.**
5 Bernardin de Saint-Pierre (1737-1814): **escritor francês, autor do romance sentimental** *Paulo e Virgínia.*
6 Alusão a três conhecidos gramáticos que criticavam influências estrangeiras na nossa língua: **Sotero dos Reis (1800-1871), Cândido de Figueiredo (1846-1925) e Castro Lopes (1827-1901).**

tão somente a ouvir. Quando, porém, dos lábios de alguém escapava a menor incorreção de linguagem, intervinha e emendava. "Eu asseguro, dizia o agente do correio, que...". Por aí o mestre-escola intervinha com mansuetude[1] evangélica: "Não diga 'asseguro' Senhor Bernardes; em português é garanto".

E a conversa continuava depois da emenda, para ser de novo interrompida por uma outra. Por essas e outras, houve muitos palestradores que se afastaram, mas Pelino, indiferente, seguro dos seus deveres, continuava o seu apostolado de vernaculismo[2]. A chegada do sábio veio distraí-lo um pouco da sua missão. Todo o seu esforço voltava-se agora para combater aquele rival, que surgia tão inopinadamente[3].

Foram vãs[4] as suas palavras e a sua eloquência[5]: não só Raimundo Flamel pagava em dias as suas contas, como era generoso — pai da pobreza — e o farmacêutico vira numa revista de específicos seu nome citado como químico de valor.

2

Havia já anos que o químico vivia em Tubiacanga, quando, uma bela manhã, Bastos o viu entrar pela botica adentro. O prazer do farmacêutico foi imenso. O sábio não se dignara até aí visitar fosse quem fosse e, certo dia, quando o sacristão Orestes ousou penetrar em sua casa, pedindo-lhe uma esmola para a futura festa de Nossa Senhora da Conceição, foi com visível enfado que ele o recebeu e atendeu.

Vendo-o, Bastos saiu de detrás do balcão, correu a recebê-lo com a mais perfeita demonstração de quem sabia com quem tratava e foi quase em uma exclamação que disse:

— Doutor, seja bem-vindo.

O sábio pareceu não se surpreender nem com a demonstração de respeito do farmacêutico nem com o tratamento universitário. Docemente, olhou um instante a armação cheia de medicamentos e respondeu:

---

1 Mansuetude: **mansidão.**
2 Apostolado de vernaculismo: **pregação a favor do uso de palavras e construções gramaticais sem a presença de estrangeirismos.**
3 Inopinadamente: **de repente.**
4 Vãs: **inúteis.**
5 Eloquência: **oratória.**

— Desejava falar-lhe em particular, senhor Bastos.

O espanto do farmacêutico foi grande. Em que poderia ele ser útil ao homem, cujo nome corria mundo e de quem os jornais falavam com tão acendrado[1] respeito? Seria dinheiro? Talvez... Um atraso no pagamento das rendas, quem sabe? E foi conduzindo o químico para o interior da casa, sob o olhar espantado do aprendiz que, por um momento, deixou a "mão" descansar no gral[2], onde macerava[3] uma tisana[4] qualquer.

Por fim, achou ao fundo, bem no fundo, o quartinho que lhe servia para exames médicos mais detidos ou para as pequenas operações, porque Bastos também operava. Sentaram-se e Flamel não tardou a expor:

— Como o senhor deve saber, dedico-me à química, tenho mesmo um nome respeitado no mundo sábio...

— Sei perfeitamente, doutor, mesmo tenho disso informado, aqui, aos meus amigos.

— Obrigado. Pois bem: fiz uma grande descoberta, extraordinária...

Envergonhado com o seu entusiasmo, o sábio fez uma pausa e depois continuou:

— Uma descoberta... Mas não me convém, por ora, comunicar ao mundo sábio, compreende?

— Perfeitamente.

— Por isso precisava de três pessoas conceituadas que fossem testemunhas de uma experiência dela e me dessem um atestado em forma, para resguardar a prioridade da minha invenção... O senhor sabe: há acontecimentos imprevistos e...

— Certamente! Não há dúvida!

— Imagine o senhor que se trata de fazer ouro...

— Como? O quê? — fez Bastos, arregalando os olhos.

— Sim! Ouro! — disse, com firmeza, Flamel.

— Como?

— O senhor saberá — disse o químico secamente. — A questão do momento são as pessoas que devem assistir a experiência, não acha?

— Com certeza, é preciso que os seus direitos fiquem resguardados, porquanto...

---

1 Acendrado: **puro.**
2 Gral: **vaso em que se tritura alguma coisa.**
3 Macerava: **triturava.**
4 Tisana: **erva para fins medicinais.**

— Uma delas — interrompeu o sábio — é o senhor; as outras duas, o Senhor Bastos fará o favor de indicar-me.

O boticário esteve um instante a pensar, passando em revista os seus conhecimentos e, ao fim de uns três minutos, perguntou:

— O Coronel Bentes lhe serve? Conhece?

— Não. O senhor sabe que não me dou com ninguém aqui.

— Posso garantir-lhe que é homem sério, rico e muito discreto.

— É religioso? Faço-lhe esta pergunta — acrescentou Flamel logo — porque temos que lidar com ossos de defunto e só estes servem...

— Qual! É quase ateu...

— Bem! Aceito. E o outro?

Bastos voltou a pensar e dessa vez demorou-se um pouco mais consultando a sua memória... Por fim, falou:

— Será o Tenente Carvalhais, o coletor, conhece?

— Como já lhe disse...

— É verdade. É um homem de confiança, sério, mas...

— Que é que tem?

— É maçom.

— Melhor.

— E quando é?

— Domingo. Domingo, os três irão lá em casa assistir à experiência e espero que não me recusarão as suas firmas[1] para autenticar a minha descoberta.

— Está tratado.

Domingo, conforme prometeram, as três pessoas respeitáveis de Tubiacanga foram à casa de Flamel, e, dias depois, misteriosamente, ele desaparecia sem deixar vestígios ou explicação para o seu desaparecimento.

3

Tubiacanga era uma pequena cidade de três ou quatro mil habitantes, muito pacífica, em cuja estação, de onde em onde, os expressos davam a honra de parar. Há cinco anos não se registrava nela um furto ou roubo. As portas e janelas só eram usadas... porque o Rio as usava.

---

1   Firmas: **assinaturas.**

O único crime notado em seu pobre cadastro fora um assassinato por ocasião das eleições municipais; mas, atendendo que o assassino era do partido do governo, e a vítima da oposição, o acontecimento em nada alterou os hábitos da cidade, continuando ela a exportar o seu café e a mirar as suas casas baixas e acanhadas nas escassas águas do pequeno rio que a batizara.

Mas qual não foi a surpresa dos seus habitantes quando se veio a verificar nela um dos mais repugnantes crimes de que se tem memória! Não se tratava de um esquartejamento ou parricídio: não era o assassinato de uma família inteira ou um assalto à coletoria; era coisa pior, sacrílega[1] aos olhos de todas as religiões e consciências: violavam-se as sepulturas do "Sossego", do seu cemitério, do seu campo-santo.

Em começo, o coveiro julgou que fossem cães, mas, revistando bem o muro, não encontrou senão pequenos buracos. Fechou-os; foi inútil. No dia seguinte, um jazigo perpétuo arrombado e os ossos saqueados; no outro, um carneiro[2] e uma sepultura rasa. Era gente ou demônio. O coveiro não quis mais continuar as pesquisas por sua conta, foi ao subdelegado e a notícia espalhou-se pela cidade.

A indignação na cidade tomou todas as feições e todas as vontades. A religião da morte precede todas e certamente será a última a morrer nas consciências. Contra a profanação, clamaram os seis presbiterianos do lugar — os bíblias, como lhes chama o povo; clamava o agrimensor Nicolau, antigo cadete, e positivista do rito Teixeira Mendes[3]; clamava o Major Camanho, presidente da Loja[4] Nova Esperança; clamavam o turco Miguel Abudala, negociante de armarinho, e o cético Belmiro, antigo estudante, que vivia ao deus-dará, bebericando parati nas tavernas. A própria filha do engenheiro residente da estrada de ferro, que vivia desdenhando aquele lugarejo, sem notar sequer os suspiros dos apaixonados locais, sempre esperando que o expresso trouxesse um príncipe a desposá-la, a linda e desdenhosa[5] Cora não pôde deixar de compartilhar da indignação e do horror que tal ato provocara em todos do lugarejo. Que tinha ela com o túmulo de anti-

---

1 Sacrílega: que não respeita o que é sagrado.
2 Carneiro: gaveta ou urna de cemitério em que se guardam os restos de um cadáver.
3 Rito Teixeira Mendes: conjunto de normas estabelecido por Teixeira Mendes (1855-1927), líder da chamada Igreja Positivista, que teve destacada atuação durante a República Velha (1889-1930). Lima Barreto chegou a participar de reuniões dos positivistas.
4 Loja: sala de reuniões de pessoas que pertencem à maçonaria, uma associação cujos membros professam princípios de fraternidade e se reconhecem, entre si, por certos sinais e emblemas.
5 Desdenhosa: orgulhosa, arrogante.

gos escravos e humildes roceiros? Em que podia interessar aos seus lindos olhos pardos o destino de tão humildes ossos? Porventura o furto deles perturbaria o seu sonho de fazer radiar a beleza de sua boca, dos seus olhos e do seu busto nas calçadas do Rio?

Decerto, não; mas era a Morte, a Morte implacável e onipotente, de que ela também se sentia escrava, e que não deixaria um dia de levar a sua linda caveirinha para a paz eterna do cemitério. Aí Cora queria os seus ossos sossegados, quietos e comodamente descansando num caixão bem feito e num túmulo seguro, depois de ter sido a sua carne encanto e prazer dos vermes...

O mais indignado, porém, era Pelino. O professor deitara[1] artigo de fundo, imprecando[2], bramindo, gritando: "Na história do crime, dizia ele, já bastante rica de fatos repugnantes, como sejam: o esquartejamento de Maria de Macedo, o estrangulamento dos irmãos Fuoco, não se registra um que o seja tanto como o saque às sepulturas do 'Sossego'".

E a vila vivia em sobressalto. Nas faces não se lia mais paz; os negócios estavam paralisados; os namoros suspensos. Dias e dias por sobre as casas pairavam nuvens negras e, à noite, todos ouviam ruídos, gemidos, barulhos sobrenaturais... Parecia que os mortos pediam vingança...

O saque, porém, continuava. Toda noite eram duas, três sepulturas abertas e esvaziadas de seu fúnebre conteúdo. Toda a população resolveu ir em massa guardar os ossos dos seus maiores[3]. Foram cedo, mas, em breve, cedendo à fadiga e ao sono, retirou-se um, depois outro e, pela madrugada, já não havia nenhum vigilante. Ainda nesse dia o coveiro verificou que duas sepulturas tinham sido abertas e os ossos levados para destino misterioso.

Organizaram então uma guarda. Dez homens decididos juraram perante o delegado vigiar durante a noite a mansão dos mortos.

Nada houve de anormal na primeira noite, na segunda e na terceira; mas, na quarta, quando os vigias já se dispunham a cochilar, um deles julgou lobrigar[4] um vulto esgueirando-se por entre a quadra dos carneiros. Correram e conseguiram apanhar dois dos vampiros. A raiva e a indignação, até aí sopitadas[5] no ânimo deles, não se contiveram mais e deram tanta bordoada nos macabros ladrões, que os deixaram estendidos como mortos.

---

1   Deitara: **escrevera.**
2   Imprecando: **maldizendo.**
3   Maiores: **antepassados.**
4   Lobrigar: **avistar.**
5   Sopitadas: **reprimidas.**

A notícia correu logo de casa em casa e, quando, de manhã, se tratou de estabelecer a identidade dos dois malfeitores, foi diante da população inteira que foram neles reconhecidos o Coletor Carvalhais e o Coronel Bentes, rico fazendeiro e presidente da Câmara. Este último ainda vivia e, a perguntas repetidas que lhe fizeram, pôde dizer que juntava os ossos para fazer ouro e o companheiro que fugira era o farmacêutico.

Houve espanto e houve esperanças. Como fazer ouro com ossos? Seria possível? Mas aquele homem rico, respeitado, como desceria ao papel de ladrão de mortos se a coisa não fosse verdade!

Se fosse possível fazer, se daqueles míseros despojos fúnebres se pudesse fazer alguns contos de réis, como não seria bom para todos eles!

O carteiro, cujo velho sonho era a formatura do filho, viu logo ali meios de consegui-la. Castrioto, o escrivão do juiz de paz, que no ano passado conseguiu comprar uma casa, mas ainda não a pudera cercar, pensou no muro, que lhe devia proteger a horta e a criação. Pelos olhos do sitiante Marques, que andava desde anos atrapalhado para arranjar um pasto, pensou logo no prado verde do Costa, onde os seus bois engordariam e ganhariam forças...

Às necessidades de cada um, aqueles ossos que eram ouro viriam atender, satisfazer e felicitá-los; e aqueles dois ou três milhares de pessoas, homens, crianças, mulheres, moços e velhos, como se fossem uma só pessoa, correram à casa do farmacêutico.

A custo, o delegado pôde impedir que varejassem a botica e conseguir que ficassem na praça, à espera do homem que tinha o segredo de todo um Potosi[1]. Ele não tardou a aparecer. Trepado a uma cadeira, tendo na mão uma pequena barra de ouro que reluzia ao forte sol da manhã, Bastos pediu graça[2], prometendo que ensinaria o segredo se lhe poupassem a vida. "Queremos já sabê-lo", gritaram. Ele então explicou que era preciso redigir a receita, indicar a marcha do processo, os reativos — trabalho longo que só poderia ser entregue impresso no dia seguinte. Houve um murmúrio, alguns chegaram a gritar, mas o subdelegado falou e responsabilizou-se pelo resultado.

Docilmente, com aquela doçura particular às multidões furiosas, cada qual se encaminhou para a casa, tendo na cabeça um único pensamento: arranjar imediatamente a maior porção de ossos de defunto que pudesse.

---

1   Potosi: **cidade boliviana que, no século XVII, foi a maior produtora de prata do mundo; tesouro.**

2   Pediu graça: **pediu perdão.**

O sucesso[1] chegou à casa do engenheiro residente da estrada de ferro. Ao jantar, não se falou em outra coisa. O doutor concatenou[2] o que ainda sabia do seu curso, e afirmou que era impossível. Isto era alquimia, coisa morta: ouro é ouro, corpo simples, e osso é osso, um composto, fosfato de cal. Pensar que se podia fazer de uma coisa outra era "besteira". Cora aproveitou para rir-se petropolimente[3] da crueldade daqueles botocudos[4]; mas sua mãe, Dona Emília, tinha fé que a coisa era possível.

À noite, porém, o doutor percebendo que a mulher dormia, saltou a janela e correu em direitura ao cemitério; Cora, de pés nus, com as chinelas nas mãos, procurou a criada para irem juntas à colheita de ossos. Não a encontrou, foi sozinha; e Dona Emília, vendo-se só, adivinhou o passeio e lá foi também. E assim aconteceu na cidade inteira. O pai, sem dizer ao filho, saía; a mulher, julgando enganar o marido, saía; os filhos, as filhas, os criados — toda a população, sob a luz das estrelas assombradas, correu ao satânico *rendez-vous*[5] no "Sossego". E ninguém faltou. O mais rico e o mais pobre lá estavam. Era o turco Manoel, era o professor Pelino, o Doutor Jerônimo, o Major Camanho, Cora, a linda e deslumbrante Cora, com seus dedos de alabastro[6], revolvia a sânie[7] das sepulturas, arrancava as carnes, ainda podres agarradas tenazmente aos ossos e deles enchia o seu regaço[8] até ali inútil. Era o dote que colhia e as suas narinas, que se abriam em asas rosadas e quase transparentes, não sentiam o fétido[9] dos tecidos apodrecidos em lama fedorenta...

A desinteligência não tardou a surgir; os mortos eram poucos e não bastavam para satisfazer a fome dos vivos. Houve facadas, tiros, cachações[10]. Pelino esfaqueou o turco por causa de um fêmur e mesmo entre as famílias questões surgiram. Unicamente, o carteiro e o filho não brigaram. Andaram juntos e de acordo e houve uma vez que o pequeno, uma esperta criança de onze anos, até aconselhou o pai: "Papai, vamos aonde está mamãe; ela era tão gorda...".

---

1 Sucesso: **acontecido.**
2 Concatenou: **ligou uma coisa com outra.**
3 Petropolimente: **advérbio criado com base no nome da cidade de Petrópolis, considerada aristocrática, para expressar, ironicamente, o ar de superioridade com que Cora julga os moradores da provinciana Tubiacanga.**
4 Botocudos: **caipiras.**
5 *Rendez-vous* (em francês): **encontro.**
6 Dedos de alabastro: **dedos muito brancos.**
7 Sânie: **podridão.**
8 Regaço: **colo.**
9 Fétido: **mau cheiro; fedor.**
10 Cachações: **pancadas, golpes.**

De manhã, o cemitério tinha mais mortos do que aqueles que recebera em trinta anos de existência. Uma única pessoa lá não estivera, não matara nem profanara sepulturas: fora o bêbado Belmiro.

Entrando assim numa venda, meio aberta, e nela não encontrando ninguém, enchera uma garrafa de parati e se deixara ficar a beber sentado na margem do Tubiacanga, vendo escorrer mansamente as suas águas sobre o áspero leito de granito — ambos, ele e o rio, indiferentes ao que já viram, mesmo à fuga do farmacêutico, com seu Potosi e o seu segredo, sob o dossel[1] eterno das estrelas.

(*Os melhores contos de Lima Barreto*. São Paulo: Global, 1986, p. 43-47)

1. Por que Raimundo Flamel deixou de ser visto como um elemento perigoso e passou a ser admirado na cidade?
2. Que revelação espantosa fez Flamel ao farmacêutico?
3. Quando se descobre a causa das violações das sepulturas, qual é a reação dos moradores?
4. Afinal, as pessoas conseguiram o que queriam? Por quê?
5. Pode-se dizer que esse conto constitui uma sátira não só da sociedade mas da própria condição humana? Por quê?
6. Pesquise a respeito da chamada "corrida do ouro" no estado da Califórnia, nos Estados Unidos, e explique o título do conto.

---

1   Dossel: **cobertura.**

Não contava com essa pergunta, mas imediatamente arquitetei uma mentira. Contei-lhe que meu pai era javanês.

O HOMEM QUE SABIA JAVANÊS

Em uma confeitaria, certa vez, ao meu amigo Castro, contava eu as partidas que havia pregado[1] às convicções e às respeitabilidades, para poder viver.

Houve mesmo uma dada ocasião, quando estive em Manaus, em que fui obrigado a esconder a minha qualidade de bacharel, para mais confiança obter dos clientes, que afluíam ao meu escritório de feiticeiro e adivinho. Contava eu isso.

O meu amigo ouvia-me calado, embevecido[2], gostando daquele meu Gil Blas[3] vivido, até que, em uma pausa da conversa, ao esgotarmos os copos, observou a esmo:

— Tens levado uma vida bem engraçada, Castelo!

— Só assim se pode viver... Isto de uma ocupação única: sair de casa a certas horas, voltar a outras, aborrece, não achas? Não sei como me tenho aguentado lá, no consulado!

— Cansa-se; mas não é disso que me admiro. O que me admira é que tenhas corrido tantas aventuras aqui, neste Brasil imbecil e burocrático.

— Qual! Aqui mesmo, meu caro Castro, se podem arranjar belas páginas de vida. Imagina tu que eu já fui professor de javanês!

— Quando? Aqui, depois que voltaste do consulado?

— Não; antes. E, por sinal, fui nomeado cônsul por isso.

---

1 Partidas que havia pregado: pregar partidas é pregar peças, aplicar um golpe para enganar alguém.

2 Embevecido: encantado.

3 Gil Blas: personagem central da novela *Aventuras de Gil Blas de Santillana*, escrita pelo francês Alain-René Lesage entre 1715 e 1735. Gil Blas é um rapaz pobre que passa por muitas dificuldades e imprevistos, mas, graças à sua inteligência e esperteza, sobe na vida e alcança afinal uma posição social confortável.

— Conta lá como foi. Bebes mais cerveja?

— Bebo.

Mandamos buscar mais outra garrafa, enchemos os copos, e continuei:

— Eu tinha chegado havia pouco ao Rio e estava literalmente na miséria. Vivia fugido de casa de pensão em casa de pensão, sem saber onde e como ganhar dinheiro, quando li no *Jornal do Comércio* o anúncio seguinte:

"Precisa-se de um professor de língua javanesa. Cartas etc.".

Ora, disse cá comigo, está ali uma colocação que não terá muitos concorrentes; se eu capiscasse[1] quatro palavras, ia apresentar-me. Saí do café e andei pelas ruas, sempre a imaginar-me professor de javanês, ganhando dinheiro, andando de bonde e sem encontros desagradáveis com os "cadáveres"[2]. Insensivelmente dirigi-me à Biblioteca Nacional. Não sabia bem que livro iria pedir, mas entrei, entreguei o chapéu ao porteiro, recebi a senha e subi. Na escada, acudiu-me pedir a *Grande Encyclopédie*, letra J, a fim de consultar o artigo relativo a Java e à língua javanesa. Dito e feito. Fiquei sabendo, ao fim de alguns minutos, que Java era uma grande ilha do arquipélago de Sonda, colônia holandesa, e o javanês, língua aglutinante do grupo maleo-polinésico, possuía uma literatura digna de nota e escrita em caracteres derivados do velho alfabeto hindu.

A *Encyclopédie* dava-me indicação de trabalhos sobre a tal língua malaia e não tive dúvidas em consultar um deles. Copiei o alfabeto, a sua pronunciação figurada e saí. Andei pelas ruas, perambulando e mastigando letras.

Na minha cabeça dançavam hieróglifos; de quando em quando consultava as minhas notas; entrava nos jardins e escrevia estes calungas[3] na areia para guardá-los bem na memória e habituar a mão a escrevê-los.

À noite, quando pude entrar em casa sem ser visto, para evitar indiscretas perguntas do encarregado, ainda continuei no quarto a engolir o meu "a-b-c" malaio, e, com tanto afinco levei o propósito que, de manhã, o sabia perfeitamente.

Convenci-me de que aquela era a língua mais fácil do mundo e saí; mas não tão cedo que não me encontrasse com o encarregado dos aluguéis dos cômodos:

— Senhor Castelo, quando salda a sua conta?

Respondi-lhe então eu, com a mais encantadora esperança:

— Breve... Espere um pouco... Tenha paciência... Vou ser nomeado professor de javanês, e...

Por aí o homem interrompeu-me:

---

1 Capiscasse: **entendesse.**
2 "Cadáveres": **nessa passagem, significa pessoas a quem se deve dinheiro; credores.**
3 Calungas: **desenhos.**

— Que diabo vem a ser isso, Senhor Castelo?

Gostei da diversão e ataquei o patriotismo do homem:

— É uma língua que se fala lá pelas bandas do Timor. Sabe onde é?

Oh! Alma ingênua! O homem esqueceu-se da minha dívida e disse-me com aquele falar forte dos portugueses:

— Eu cá por mim, não sei bem; mas ouvi dizer que são umas terras que temos lá para os lados de Macau. E o senhor sabe disso, Senhor Castelo?

Animado com esta saída feliz que me deu o javanês, voltei a procurar o anúncio. Lá estava ele. Resolvi animosamente[1] propor-me ao professorado do idioma oceânico. Redigi a resposta, passei pelo *Jornal* e lá deixei a carta. Em seguida, voltei à biblioteca e continuei os meus estudos de javanês. Não fiz grandes progressos nesse dia, não sei se por julgar o alfabeto javanês o único saber necessário a um professor de língua malaia ou se por ter me empenhado mais na bibliografia e história literária do idioma que ia ensinar.

Ao cabo de dois dias, recebia eu uma carta para ir falar ao doutor Manuel Feliciano Soares Albernaz, Barão de Jacuecanga, à rua Conde de Bonfim, não me recordo bem que número. É preciso não te esqueceres que entrementes[2] continuei estudando o meu malaio, isto é, o tal javanês. Além do alfabeto, fiquei sabendo o nome de alguns autores, também perguntar e responder — "como está o senhor?" — e duas ou três regras de gramática, lastrado[3] todo esse saber com vinte palavras do léxico.

Não imaginas as grandes dificuldades com que lutei para arranjar os quatrocentos réis da viagem! É mais fácil — podes ficar certo — aprender o javanês... Fui a pé. Cheguei suadíssimo; e, com maternal carinho, as anosas[4] mangueiras, que se perfilavam em alameda diante da casa do titular, me receberam, me acolheram e me reconfortaram. Em toda minha vida, foi o único momento em que cheguei a sentir simpatia pela natureza...

Era uma casa enorme que parecia estar deserta; estava maltratada, mas não sei por que me veio pensar que nesse mau tratamento havia mais desleixo e cansaço de viver que mesmo pobreza. Devia haver anos que não era pintada. As paredes descascavam e os beirais do telhado, daquelas telhas vidradas de outros tempos, estavam desguarnecidos aqui e ali, como dentaduras decadentes ou malcuidadas.

---

1   Animosamente: **com bom ânimo.**
2   Entrementes: **nesse meio-tempo.**
3   Lastrado: **baseado, fundamentado.**
4   Anosas: **velhas.**

Olhei um pouco o jardim e vi a pujança[1] vingativa com que a tiririca e o carrapicho tinham expulsado os tinhorões e as begônias. Os crótons continuavam, porém, a viver com a sua folhagem de cores mortiças. Bati. Custaram-me a abrir. Veio, por fim, um antigo preto africano, cujas barbas e cabelos de algodão davam à sua fisionomia uma aguda impressão de velhice, doçura e sofrimento.

Na sala, havia uma galeria de retratos: arrogantes senhores de barba em colar se perfilavam enquadrados em imensas molduras douradas, e doces perfis de senhoras, em bandós[2], com grandes leques, pareciam querer subir aos ares, enfunadas pelos redondos vestidos à balão; mas, daquelas velhas coisas, sobre as quais a poeira punha mais antiguidade e respeito, a que gostei mais de ver foi um belo jarrão de porcelana da China ou da Índia, como se diz. Aquela pureza da louça, a sua fragilidade, a ingenuidade do desenho e aquele fosco brilho de luar, diziam-me a mim que aquele objeto tinha sido feito por mãos de criança, a sonhar, para encanto dos olhos fatigados dos velhos desiludidos...

Esperei um instante o dono da casa. Tardou um pouco. Um tanto trôpego, com o lenço de alcobaça[3] na mão, tomando veneravelmente[4] o simonte de antanho[5], foi cheio de respeito que o vi chegar. Tive vontade de ir-me embora. Mesmo se não fosse ele o discípulo, era sempre um crime mistificar[6] aquele ancião, cuja velhice trazia à tona do meu pensamento alguma coisa de augusto[7], de sagrado. Hesitei, mas fiquei.

— Eu sou — avancei — o professor de javanês, de que o senhor disse precisar.

— Sente-se — respondeu-me o velho. — O senhor é daqui, do Rio?

— Não, sou de Canavieiras.

— Como? — fez ele. — Fale um pouco alto, que sou surdo.

— Sou de Canavieiras, na Bahia — insisti eu.

— Onde fez os seus estudos?

— Em São Salvador.

— Em onde aprendeu o javanês? — indagou ele, com aquela teimosia peculiar aos velhos.

---

1   Pujança: **vigor.**
2   Bandós: **penteado que divide o cabelo em duas partes iguais.**
3   Lenço de alcobaça: **grande lenço de algodão, geralmente vermelho.**
4   Veneravelmente: **com prazer.**
5   Simonte de antanho: **rapé de antigamente; cheirar rapé era um hábito muito difundido até o início do século XX.**
6   Mistificar: **enganar.**
7   Augusto: **respeitável.**

Não contava com essa pergunta, mas imediatamente arquitetei uma mentira. Contei-lhe que meu pai era javanês. Tripulante de um navio mercante, viera ter à Bahia, estabelecera-se nas proximidades de Canavieiras como pescador, casara, prosperara e fora com ele que aprendi javanês.

— E ele acreditou? E o físico? — perguntou meu amigo, que até então me ouvira calado.

— Não sou — objetei[1] — lá muito diferente de um javanês. Estes meu cabelos corridos, duros e grossos e a minha pele *basané*[2] podem dar-me muito bem o aspecto de um mestiço malaio... Tu sabes bem que, entre nós, há de tudo: índios, malaios, taitianos, malgaxes[3], guanches[4], até godos. É uma comparsaria[5] de raças e tipos de fazer inveja ao mundo inteiro.

— Bem — fez o meu amigo —, continua.

— O velho — emendei eu — ouviu-me atentamente, considerou demoradamente o meu físico, e pareceu que me julgava de fato filho de malaio, e perguntou-me com doçura:

— Então está disposto a ensinar-me javanês?

A resposta saiu-me sem querer:

— Pois não.

— O senhor há de ficar admirado — aduziu[6] o Barão de Jacuecanga — que eu, nesta idade, ainda queira aprender qualquer coisa, mas...

— Não tenho que admirar. Têm-se visto exemplos e exemplos muito fecundos...

— O que eu quero, meu caro senhor...?

— Castelo — adiantei eu.

— O que eu quero, meu caro Senhor Castelo, é cumprir um juramento de família. Não sei se o senhor sabe que eu sou neto do Conselheiro Albernaz, aquele que acompanhou Pedro I, quando abdicou. Voltando de Londres, trouxe para aqui um livro em língua esquisita, a que tinha grande estimação. Fora um hindu ou siamês que lho dera em Londres, em agradecimento a não sei que serviço prestado por meu avô. Ao morrer, meu avô chamou meu pai e lhe disse: "Filho, tenho este livro aqui, escrito em javanês. Disse-me quem mo deu que ele evita desgraças e traz felicidades para quem o tem. Eu não sei nada ao certo. Em todo caso,

---

1   Objetei: **argumentei.**
2   *Basané* (em francês): **morena, bronzeada.**
3   Malgaxes: **natural de Madagascar, país africano.**
4   Guanches: **nome dos antigos habitantes das ilhas das Canárias.**
5   Comparsaria: **reunião, grupo.**
6   Aduziu: **acrescentou.**

guarda-o; mas, se queres que o fado que me deitou[1] o sábio oriental se cumpra, faze com que teu filho o entenda, para que sempre a nossa raça seja feliz". Meu pai — continuou o velho barão — não acreditou muito na história; contudo guardou o livro. Às portas da morte, ele mo deu e disse-me o que prometera ao pai. Em começo, pouco caso fiz da história do livro. Deitei-o a um canto e fabriquei minha vida. Cheguei até a esquecer-me dele; mas, de uns tempos a esta parte, tenho passado por tanto desgosto, tantas desgraças têm caído sobre a minha velhice que me lembrei do talismã da família. Tenho que o ler, que o compreender, e não quero que os meus últimos dias anunciem o desastre da minha posteridade; e, para entendê-lo, é claro que preciso entender o javanês. Eis aí.

Calou-se e notei que os olhos do velho se tinham orvalhado. Enxugou discretamente os olhos e perguntou-me se queria ver o livro. Respondi-lhe que sim. Chamou o criado, deu-lhe as instruções e explicou-me que perdera todos os filhos, sobrinhos, só lhe restando uma filha casada, cuja prole, porém, estava reduzida a um filho, débil[2] de corpo e de saúde frágil e oscilante.

Veio o livro. Era um velho calhamaço, um *in-quarto*[3] antigo, encadernado em couro, impresso em grandes letras, em um papel amarelado e grosso. Faltava a folha do rosto e por isso não se podia ler a data da impressão. Tinha ainda umas páginas de prefácio, escritas em inglês, onde li que se tratava das histórias do príncipe Kulanga, escritor javanês de muito mérito.

Logo informei disso o velho barão que, não percebendo que eu tinha chegado aí pelo inglês, ficou tendo em alta consideração o meu saber malaio. Estive ainda folheando o cartapácio[4], à laia[5] de quem sabe magistralmente aquela espécie de vasconço[6], até que afinal contratamos as condições de preço e de hora, comprometendo-me a fazer com que ele lesse o tal alfarrábio[7] antes de um ano.

Dentro em pouco, dava a minha primeira lição, mas o velho não foi tão diligente[8] quanto eu. Não conseguia aprender a distinguir e a escrever nem sequer quatro letras. Enfim, com metade do alfabeto levamos um mês e o Senhor Barão de Jacuecanga não ficou lá muito senhor da matéria: aprendia e desaprendia.

---

1   O fado que me deitou: **a sorte que me predisse.**
2   Débil: **fraco.**
3   *In-quarto:* **formato de livro em que a folha é dobrada em quatro, o que dá oito páginas.**
4   Cartapácio: **livro grande, antigo.**
5   À laia: **à moda.**
6   Vasconço: **linguagem incompreensível.**
7   Alfarrábio: **livro antigo ou velho.**
8   Diligente: **aplicado, dedicado.**

A filha e o genro (penso que até aí nada sabiam da história do livro) vieram a ter notícias do estudo do velho; não se incomodaram. Acharam graça e julgaram coisa boa para distraí-lo.

Mas com o que tu vais ficar assombrado, meu caro Castro, é com a admiração que o genro ficou tendo pelo professor de javanês. Que coisa única! Ele não se cansava de repetir: "É um assombro! Tão moço! Se eu soubesse isso, ah! onde estava!".

O marido de Dona Maria da Glória (assim se chamava a filha do barão) era desembargador, homem relacionado e poderoso; mas não se pejava[1] em mostrar diante de todo o mundo a sua admiração pelo meu javanês. Por outro lado, o barão estava contentíssimo. Ao fim de dois meses, desistira da aprendizagem e pedira-me que lhe traduzisse, um dia sim outro não, um trecho do livro encantado. Bastava entendê-lo, disse-me ele; nada se opunha que outrem o traduzisse e ele ouvisse. Assim evitava a fadiga do estudo e cumpria o encargo.

Sabes bem que até hoje nada sei de javanês, mas compus umas histórias bem tolas e impingi-as ao velhote[2] como sendo do crônicon[3]. Como ele ouvia aquelas bobagens!...

Ficava extático[4], como se estivesse a ouvir palavras de um anjo. E eu crescia a seus olhos!

Fez-me morar em sua casa, enchia-me de presentes, aumentava-me o ordenado. Passava, enfim, uma vida regalada[5].

Contribuiu muito para isso o fato de vir ele a receber uma herança de um seu parente esquecido que vivia em Portugal. O bom velho atribuiu a coisa ao meu javanês; e eu estive quase a crê-lo também.

Fui perdendo os remorsos; mas, em todo o caso, sempre tive medo de que me aparecesse pela frente alguém que soubesse o tal patoá[6] malaio. E esse meu temor foi grande, quando o doce barão me mandou com uma carta ao Visconde de Caruru, para que me fizesse entrar na diplomacia. Fiz-lhe todas as objeções: a minha fealdade[7], a falta de elegância, o meu aspecto tagalo[8]. — "Qual! — retru-

---

1   Pejava: **envergonhava.**
2   Impingi-as ao velhote: **fiz com que o velho acreditasse nelas.**
3   Crônicon: **cronicão; antigo e volumoso livro de crônicas e histórias.**
4   Extático: **encantado, em êxtase.**
5   Regalada: **muito boa.**
6   Patoá: **dialeto, língua.**
7   Fealdade: **feiura.**
8   Tagalo: **filipino.**

cava ele. — Vá, menino; você sabe javanês!". Fui. Mandou-me o visconde para a Secretaria dos Estrangeiros com diversas recomendações. Foi um sucesso.

O diretor chamou os chefes de seção: "Vejam só, um homem que sabe javanês — que portento[1]!".

Os chefes de seção levaram-me aos oficiais e amanuenses e houve um destes que me olhou mais com ódio do que com inveja ou admiração. E todos diziam: "Então sabe javanês? É difícil? Não há quem o saiba aqui!".

O tal amanuense, que me olhou com ódio, acudiu então: "É verdade, mas eu sei canaque[2]. O senhor sabe?". Disse-lhe que não e fui à presença do ministro.

A alta autoridade levantou-se, pôs as mãos às cadeiras, consertou o *pince-nez*[3] no nariz e perguntou: "Então, sabe javanês?". Respondi-lhe que sim; e, à sua pergunta onde o tinha aprendido, contei-lhe a história do tal pai javanês. "Bem, disse-me o ministro, o senhor não deve ir para a diplomacia; o seu físico não se presta... O bom seria um consulado na Àsia ou Oceania. Por ora, não há vaga, mas vou fazer uma reforma e o senhor entrará. De hoje em diante, porém, fica adido[4] ao meu ministério e quero que, para o ano, parta para *Bâle*[5], onde vai representar o Brasil no congresso de Linguística. Estude, leia o Hovelacque, o Max Müller, e outros!".

Imagina tu que eu até aí nada sabia de javanês, mas estava empregado e iria representar o Brasil em um congresso de sábios.

O velho barão veio a morrer, passou o livro ao genro para que o fizesse chegar ao neto, quando tivesse a idade conveniente e fez-me uma deixa no testamento[6].

Pus-me com afã[7] no estudo das línguas maleo-polinésicas; mas não havia meio!

Bem-jantado, bem-vestido, bem-dormido, não tinha energia necessária para fazer entrar na cachola aquelas coisas esquisitas. Comprei livros, assinei revistas: *Revue Anthropologique et Linguistique, Proceedings of the English-Oceanic Association, Archivo Glottologico Italiano*, o diabo, mas nada! E a minha fama crescia. Na rua, os informados apontavam-me, dizendo aos outros: "Lá vai o sujeito que sabe javanês". Nas livrarias, os gramáticos consultavam-me sobre a colocação dos pro-

---

1   Portento: **colosso, coisa extraordinária.**

2   Canaque: **língua falada na Melanésia, uma região da Oceania.**

3   *Pince-nez* (em francês): **antigos óculos sem haste, presos ao nariz por uma mola. Em português, a grafia atual é pincenê.**

4   Adido: **funcionário auxiliar.**

5   *Bâle* (em francês): **Basileia, uma das maiores cidades da Suíça.**

6   Fez-me uma deixa no testamento: **deixou-me uma parte da herança.**

7   Afã: **empenho, dedicação.**

nomes no tal jargão[1] das ilhas de Sonda. Recebia cartas dos eruditos do interior, os jornais citavam o meu saber e recusei aceitar uma turma de alunos sequiosos de entender o tal javanês. A convite da redação, escrevi, no *Jornal do Comércio*, um artigo de quatro colunas sobre a literatura javanesa antiga e moderna...

— Como, se tu nada sabias? — interrompeu-me o atento Castro.

— Muito simplesmente: primeiramente, descrevi a ilha de Java, com o auxílio de dicionários e umas poucas[2] de geografia, e depois citei a mais não poder.

— E nunca duvidaram? — perguntou-me ainda o meu amigo.

— Nunca. Isto é, uma vez quase fico perdido. A polícia prendeu um sujeito, um marujo, um tipo bronzeado que só falava em língua esquisita. Chamaram diversos intérpretes, ninguém o entendia. Fui também chamado, com todos os respeitos que a minha sabedoria merecia, naturalmente. Demorei-me em ir, mas fui afinal. O homem já estava solto, graças à intervenção do cônsul holandês, a quem ele se fez compreender com meia dúzia de palavras holandesas. E o tal marujo era javanês — uf!

Chegou, enfim, a época do congresso, e lá fui para a Europa. Que delícia! Assisti à inauguração e às sessões preparatórias. Inscreveram-me na seção do tupi-guarani e eu abalei[3] para Paris. Antes, porém, fiz publicar no *Mensageiro de Bâle* o meu retrato, notas biográficas e bibliográficas. Quando voltei, o presidente pediu-me desculpas por me ter dado aquela seção; não conhecia os meus trabalhos e julgara que, por ser eu americano-brasileiro, me estava naturalmente indicada a seção do tupi-guarani. Aceitei as explicações e até hoje ainda não pude escrever as minhas obras sobre o javanês, para lhe mandar, conforme prometi.

Acabado o congresso, fiz publicar extratos do artigo do *Mensageiro de Bâle*, em Berlim, em Turim e em Paris, onde os leitores de minhas obras me ofereceram um banquete, presidido pelo Senador Gorot. Custou-me toda essa brincadeira, inclusive o banquete que me foi oferecido, cerca de dez mil francos, quase toda a herança do crédulo[4] e bom Barão de Jacuecanga.

Não perdi meu tempo nem meu dinheiro. Passei a ser uma glória nacional e, ao saltar no cais Pharoux[5], recebi uma ovação[6] de todas as classes sociais e o presidente da República, dias depois, convidava-me para almoçar em sua companhia.

---

1   Jargão: **língua.**
2   Umas poucas: **umas noções.**
3   Abalei: **fui.**
4   Crédulo: **ingênuo, que acredita facilmente naquilo que ouve.**
5   Cais Pharoux: **cais da cidade do Rio de Janeiro (pronuncia-se "Farrú"), que ganhou esse nome por causa de um famoso hotel que lá havia no século XIX, cujo dono era o empresário francês Pharoux.**
6   Ovação: **aclamação pública.**

Dentro de seis meses fui despachado cônsul em Havana, onde estive seis anos e para onde voltarei, a fim de aperfeiçoar os meus estudos das línguas da Malaia, Melanésia e Polinésia.

— É fantástico — observou Castro, agarrando o copo de cerveja.
— Olha: se não fosse estar contente, sabes que ia ser?
— Quê?
— Bacteriologista eminente[1]. Vamos?
— Vamos.

(*Os melhores contos de Lima Barreto*. São Paulo: Global, 1986, p. 49-58)

1. Por meio do "professor de javanês", que aspectos da vida brasileira são satirizados pelo autor?
2. Esse conto é de 1911. Você acha que o tema desenvolvido por Lima Barreto nesse texto perdeu a atualidade? Seria possível encontrar, nos dias de hoje, um malandro como Castelo? Justifique sua resposta.

---

1 Eminente: **importante**.

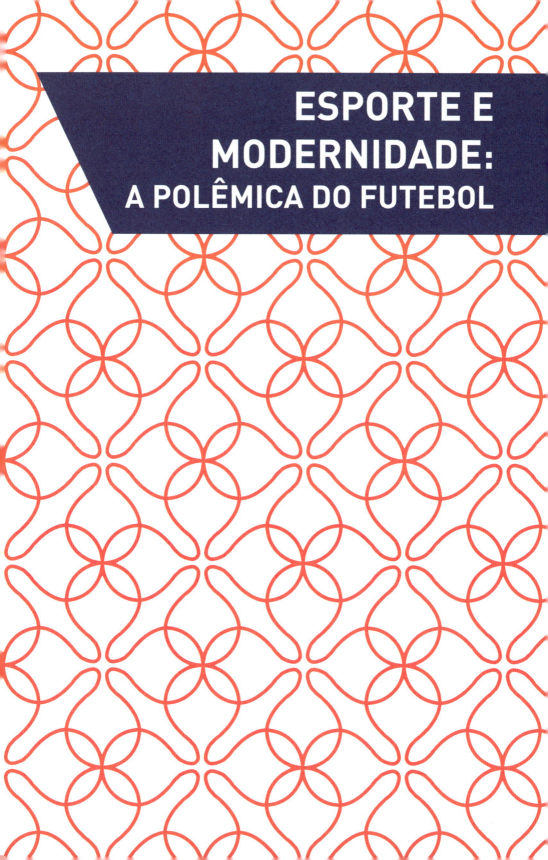

ESPORTE E MODERNIDADE:
A POLÊMICA DO FUTEBOL

No final do século XIX, várias modalidades esportivas foram introduzidas no Brasil, vindas da Europa e dos Estados Unidos.

Havia nesse período um entusiasmo pela revalorização das práticas esportivas, reforçadas pela realização, em 1896, na cidade de Atenas, dos primeiros jogos olímpicos da era moderna.

A formação de equipes de basquetebol, voleibol e polo aquático foi se generalizando. Competições de remo, atletismo e natação tornaram-se comuns.

Mas de todos os esportes, foi o futebol que se popularizou com mais rapidez em todo o país. A maior parte dos clubes tradicionais do Brasil se formou nas duas primeiras décadas do século XX.

No entanto, nem todos viam com bons olhos essa empolgação pelo futebol. Lima Barreto, por exemplo, criticava muito o crescente entusiasmo dos torcedores. Via nisso um embrutecimento das pessoas, uma paixão cega, que desviava a atenção e a energia para o que lhe parecia mais importante que tudo: a resolução dos graves problemas sociais e políticos do Brasil. Chegou inclusive a afirmar: "o futebol é uma escola de violência e brutalidade e não merece nenhuma proteção dos poderes públicos, a menos que estes nos queiram ensinar o assassinato".

Veja este trecho retirado de uma entrevista dada por Lima Barreto em março de 1919, em que ele comentava as brigas de torcidas e explicava por que era contra o futebol:

"— Concluí que, longe de tal jogo contribuir para o congraçamento, para uma mais forte coesão moral entre as divisões políticas da União, separava-as.

— Não será exagerado, Barreto?

— Julgo que não. Entre São Paulo e Rio foi assim; entre Rio e Recife também; e o lógico é provar que as coisas se repetirão entre Rio e Belém, entre Rio e Porto Alegre etc., etc.".

Lima Barreto também criticava o preconceito racial que havia na maioria dos clubes, onde negros e mulatos eram rejeitados como sócios — muitas vezes, eles não eram aceitos nem como atletas. Disse ele na mesma entrevista:

"Está aí uma grande desvantagem social do nosso futebol. Nos nossos dias em que, para maior felicidade dos homens, todos os pensadores procuram apagar essas diferenças acidentais entre eles, no intuito de obter um mútuo e profundo entendimento entre as várias partes da humanidade, o jogo do pontapé propaga a sua separação e o governo o subvenciona".

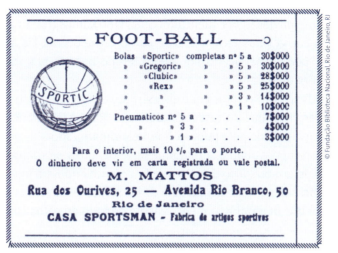

PROPAGANDAS DE LOJAS QUE VENDIAM MATERIAL ESPORTIVO COMEÇAM A APARECER NOS JORNAIS E REVISTAS DA ÉPOCA.

Nesse mesmo ano, o conhecido escritor Coelho Neto, membro da Academia Brasileira de Letras, fizera um discurso na inauguração da piscina do Fluminense Futebol Clube, no Rio de Janeiro. Lima Barreto, apesar de não apreciar a literatura feita por esse acadêmico, achou isso uma vergonha, comentando o seguinte:

"O Sr. Neto esqueceu-se da dignidade do seu nome, da grandeza de sua missão de homem de letras, para ir discursar em semelhante futilidade. Os literatos, os grandes, sempre souberam morrer de fome, mas não rebaixaram a sua arte para simples prazer dos ricos".

Pai de um campeão

O entusiasmo do escritor Coelho Neto pelo esporte talvez venha do orgulho de ver um de seus filhos, João Coelho Neto (1905-1979), que tinha o apelido de Preguinho, ser um elogiado multiesportista do Fluminense, onde era ídolo dos torcedores. Ele gostava de praticar diferentes esportes e foi campeão em quase todos, destacando-se em natação, voleibol, basquetebol e atletismo. Mas foi no futebol que ele ficou muito famoso em todo o país, sendo um dos principais artilheiros da história do Fluminense.
Jogou também na seleção brasileira e foi o autor do primeiro gol da nossa seleção em uma Copa do Mundo, realizada no Uruguai em 1930, num jogo contra a antiga Iugoslávia.

Outro escritor que também não tinha o menor entusiasmo pelo futebol, prevendo até seu rápido desaparecimento, foi Graciliano Ramos (1892-1953), autor de obras famosas como *Vidas Secas* e *São Bernardo*, entre outras. Ele afirmava que esse novo jogo poderia ser aceito, por algum tempo, nas capitais, mas nunca no sertão, no interior do país.

Eis um trecho de uma crônica que ele escreveu a esse respeito em 1921:

"Pensa-se em introduzir o futebol, nesta terra. É uma lembrança que, certamente, será bem recebida pelo público, que, de ordinário, adora as novidades. Vai ser, por algum tempo, a mania, a maluqueira, a ideia fixa de muita gente. Com exceção talvez de um ou outro tísico[1], completamente impossibilitado de aplicar o mais insignificante pontapé a uma bola de borracha, vai haver por aí uma excitação, um furor dos demônios, um entusiasmo de fogo de palha capaz de durar bem um mês".

No entanto, apesar das polêmicas e das opiniões contrárias, o futebol acabou fincando raízes no Brasil, onde se tornou o esporte mais popular, sendo praticado em todas as regiões com igual entusiasmo e fanatismo.

---

1   Tísico: **tuberculoso.**

FLUMINENSE FUTEBOL CLUBE, RIO DE JANEIRO, 1910.

ROMANCE

TRISTE FIM DE POLICARPO QUARESMA

O romance *Triste fim de Policarpo Quaresma* é a maior contribuição de Lima Barreto para a literatura brasileira. Ele o escreveu de janeiro a março de 1911 e, a partir de agosto, começou a publicá-lo em folhetins no *Jornal do Comércio*, do Rio de Janeiro. Mas não foi um sucesso. Segundo o próprio autor, "ninguém o leu, e só veio a fazer sucesso, para mim inesperado, quando o publiquei em livro [em 1915]".

A ação transcorre no final do século XIX, época da Primeira República, e a figura central do romance é o major reformado Policarpo Quaresma, um nacionalista fanático que, conhecendo o Brasil apenas por intermédio dos livros, sonha em poder ajudar o país a se transformar numa grande potência. Seu patriotismo leva-o a se envolver em três projetos, que constituem o conteúdo das três partes em que se divide o livro.

Inicialmente, Quaresma mergulha no estudo das tradições brasileiras. Estuda violão com Ricardo Coração dos Outros, um compositor de modinhas populares que, para o major, eram a nossa autêntica expressão musical. Mas o violão, na época, era considerado um instrumento de vadios e marginais e, por isso, Quaresma começa a ser criticado pela vizinhança, que não entende as razões patrióticas desse estudo. Dedica-se também à pesquisa do nosso folclore (lamentando que muitas cantigas e brincadeiras tradicionais tenham sido abandonadas), ao estudo da língua tupi-guarani e dos costumes dos nossos indígenas. Obcecado por essas ideias, chega a fazer um requerimento à Câmara pedindo a oficialização do tupi-guarani como língua nacional. Tal ato o torna objeto de chacota e ele passa a ser ridicularizado na repartição em que trabalha e nos jornais. Quaresma fica tão abalado por essas ofensas que acaba sendo internado num hospital para doentes mentais, de onde sai para dedicar-se a outro projeto nacionalista — o trabalho agrícola.

Compra o sítio Sossego e resolve pôr em prática as orientações científicas que encontra nos livros. Mas as terras não se revelam tão férteis, as pragas são terríveis, há muitas dificuldades na comercialização dos produtos — enfim, nada que compense o grande sacrifício da lida no campo. Apesar da enorme extensão territorial, o Brasil não se desenvolve como potência agrícola, e Quaresma começa a perceber que o problema, na verdade, está na corrupção dos políticos, que não fazem leis que ajudem esse desenvolvimento. Dedica-se então a um novo projeto, o político.

Volta ao Rio de Janeiro, engaja-se voluntariamente nas tropas do marechal Floriano Peixoto por ocasião da Revolta da Armada e luta pelos ideais republicanos. Vê em Floriano o reformador que sonhou e entrega-lhe um documento em que expõe seus planos de salvação do país. Mas o marechal responde-lhe secamente: "Você, Quaresma, é um visionário...". Desilude-se mais uma vez. Compreende então que não há patriotismo. Os homens que governam o país só estão preocupados com seus interesses pessoais. E, ao denunciar as atrocidades que se cometem contra os prisioneiros, acaba sendo preso pelo mesmo governo ao qual se aliou voluntariamente. Na prisão, espera seu "triste fim". Assim, no final, o major Quaresma deixa de ser uma espécie de Dom Quixote, sempre a lutar por objetivos inatingíveis, e adquire dimensões de herói trágico, que, à custa da própria vida, toma consciência da realidade degradada em que vive.

Além dessa crítica política, encontramos no romance personagens que representam a mediocridade dos funcionários públicos, inclusive dos militares, as trocas de favores, a corrupção sistemática, a vida vulgar de uma classe média preocupada apenas em cavar empregos e casar as filhas, fazendo do casamento, aliás, quase uma obsessão. É o que ocorre, por exemplo, com a jovem Ismênia, que, noiva há vários anos, vivia apenas em função desse casamento. Abandonada pelo noivo, não encontra mais motivos para viver: "Via bem o que fazia o desespero da moça, mas via melhor a causa, naquela obrigação que incrustam no espírito das meninas, que elas se devem casar a todo custo, fazendo do casamento o polo e fim da vida, a ponto de parecer uma desonra, uma injúria ficar solteira".

Portanto, vemos que o romance constitui uma ampla análise da realidade brasileira, enfocando problemas sociais, políticos e culturais.

> A Revolta da Armada, um movimento de forte oposição ao governo autoritário de Floriano Peixoto, ocorreu em setembro de 1893. Uma parte da Marinha se rebelou contra Floriano e tentou forçar sua renúncia. As fortalezas de Santa Cruz, Laje e São João, no Rio de Janeiro, foram ameaçadas de ataque pelos navios dos revoltosos. Para defender a cidade, instalaram-se peças de artilharia em alguns pontos estratégicos.

Texto 1[1]

[Aprendendo violão]

Como de hábito, Policarpo Quaresma, mais conhecido por major Quaresma, bateu em casa às quatro e quinze da tarde. Havia mais de vinte anos que isso acontecia. Saindo do Arsenal de Guerra, onde era subsecretário, bongava[2] pelas confeitarias algumas frutas, comprava um queijo, às vezes, e sempre o pão da padaria francesa.

  Não gastava nesses passos nem mesmo uma hora, de forma que, às três e quarenta, por aí assim, tomava o bonde, sem erro de um minuto, ia pisar a soleira da porta de sua casa, numa rua afastada de São Januário, bem exatamente às quatro e quinze, como se fosse a aparição de um astro, um eclipse, enfim um fenômeno matematicamente determinado, previsto e predito.

---

1 Todos os trechos foram reproduzidos do livro *Triste fim de Policarpo Quaresma*. São Paulo: **Moderna, 2015.**
2 Bongava: **procurava.**

A vizinhança já lhe conhecia os hábitos e tanto que, na casa do capitão Cláudio, onde era costume jantar-se aí pelas quatro e meia[1], logo que o viam passar, a dona gritava à criada: "Alice, olha que são horas; o major Quaresma já passou".

E era assim todos os dias, há quase trinta anos. Vivendo em casa própria e tendo outros rendimentos além do seu ordenado, o major Quaresma podia levar um trem de vida[2] superior aos seus recursos burocráticos, gozando, por parte da vizinhança, da consideração e respeito de homem abastado.

Não recebia ninguém, vivia num isolamento monacal[3], embora fosse cortês com os vizinhos, que o julgavam esquisito e misantropo[4]. Se não tinha amigos na redondeza, não tinha inimigos, e a única desafeição que merecera fora a do doutor Segadas, um clínico afamado no lugar, que não podia admitir que Quaresma tivesse livros: "Se não era formado, para quê? Pedantismo!"

O subsecretário não mostrava os livros a ninguém, mas acontecia que, quando se abriam as janelas da sala de sua livraria[5], da rua poder-se-iam ver as estantes pejadas[6] de cima a baixo.

Eram esses os seus hábitos; ultimamente, porém, mudara um pouco; e isso provocava comentários no bairro. Além do compadre e da filha, as únicas pessoas que o visitavam até então, nos últimos dias, era visto entrar em sua casa, três vezes por semana e em dias certos, um senhor baixo, magro, pálido, com um violão agasalhado numa bolsa de camurça. Logo pela primeira vez o caso intrigou a vizinhança. Um violão em casa tão respeitável! Que seria?

E, na mesma tarde, uma das mais lindas vizinhas do major convidou uma amiga, e ambas levaram um tempo perdido[7], de cá para lá, a palmilhar o passeio[8], esticando a cabeça, quando passavam diante da janela aberta do esquisito subsecretário.

Não foi inútil a espionagem. Sentado no sofá, tendo ao lado o tal sujeito, empunhando o *pinho*[9] na posição de tocar, o major, atentamente, ouvia: "Olhe, major,

---

1   Naquela época, geralmente jantava-se à tarde, por volta das quatro ou cinco horas. A primeira refeição do dia, comumente feita entre nove e dez, era chamada de almoço. Entre meio-dia e uma hora, costumava-se tomar um lanche.

2   Trem de vida: **padrão de vida.**

3   Monacal: **de monge; isto é, ele vivia isolado como um monge.**

4   Misantropo: **que não gosta da companhia de outras pessoas.**

5   Livraria: **biblioteca.**

6   Pejadas: **cheias.**

7   Levaram um tempo perdido: **gastaram um tempão.**

8   Palmilhar o passeio: **caminhar pela calçada.**

9   Pinho: **violão.**

assim". E as cordas vibravam vagarosamente a nota ferida; em seguida, o mestre aduzia[1]: "É *ré*, aprendeu?"

Mas não foi preciso pôr na carta; a vizinhança concluiu logo que o major aprendia a tocar violão. Mas que coisa? Um homem tão sério metido nessas malandragens!

Uma tarde de sol — sol de março, forte e implacável —, aí pelas cercanias das quatro horas, as janelas de uma erma rua de São Januário[2] povoaram-se rápida e repentinamente, de um e de outro lado. Até da casa do general vieram moças à janela! Que era? Um batalhão? Um incêndio? Nada disso: o major Quaresma, de cabeça baixa, com pequenos passos de boi de carro, subia a rua, tendo debaixo do braço um violão impudico[3].

É verdade que a guitarra vinha decentemente embrulhada em papel, mas o vestuário não lhe escondia inteiramente as formas. À vista de tão escandaloso fato, a consideração e o respeito que o major Policarpo Quaresma merecia nos arredores de sua casa, diminuíram um pouco. Estava perdido, maluco, diziam. Ele, porém, continuou serenamente nos seus estudos, mesmo porque não percebeu essa diminuição.

Quaresma era um homem pequeno, magro, que usava *pince-nez*[4], olhava sempre baixo, mas, quando fixava alguém ou alguma coisa, os seus olhos tomavam, por detrás das lentes, um forte brilho de penetração, e era como se ele quisesse ir à alma da pessoa ou da coisa que fixava.

Contudo, sempre os trazia baixos, como se se guiasse pela ponta do cavanhaque que lhe enfeitava o queixo. Vestia-se sempre de fraque, preto, azul, ou de cinza, de pano listrado, mas sempre de fraque, e era raro que não se cobrisse com uma cartola de abas curtas e muito alta, feita segundo um figurino antigo de que ele sabia com precisão a época.

Quando entrou em casa, naquele dia, foi a irmã quem lhe abriu a porta, perguntando:

— Janta já?

— Ainda não. Espere um pouco o Ricardo que vem jantar hoje conosco.

— Policarpo, você precisa tomar juízo. Um homem de idade, com posição, res-

---

1   Aduzia: **acrescentava.**

2   São Januário: **bairro do subúrbio carioca.**

3   Impudico: **imoral.**

4   *Pince-nez* (em francês): **um tipo de óculos leves, sem haste, que se mantém no nariz pela pressão de uma mola.**

peitável, como você é, andar metido com esse seresteiro, um quase capadócio[1], não é bonito!

O major descansou o chapéu de sol — um antigo chapéu de sol, com a haste inteiramente de madeira, e um cabo de volta, incrustado de pequenos losangos de madrepérola —, e respondeu:

— Mas você está muito enganada, mana. É preconceito supor-se que todo homem que toca violão é um desclassificado. A modinha é a mais genuína expressão da poesia nacional e o violão é o instrumento que ela pede. Nós é que temos abandonado o gênero, mas ele já esteve em honra, em Lisboa, no século passado, com o padre Caldas[2], que teve um auditório de fidalgas. Beckford[3], um inglês notável, muito o elogia.

— Mas isso foi em outro tempo; agora...

— Que tem isso, Adelaide? Convém que nós não deixemos morrer as nossas tradições, os usos genuinamente nacionais...

— Bem, Policarpo, eu não quero contrariar você; continue lá com as suas manias.

(Trecho da parte I, cap. 1, "A lição de violão")

1. Resuma as características da personalidade do major Quaresma que podem ser observadas nesse texto.
2. Que justificativas dá o major Quaresma para sua decisão de aprender violão, contrariando a opinião corrente na época?

---

1 Capadócio: **sujeito dado a serestas e noitadas, geralmente considerado malandro ou vagabundo.**
2 Domingos Caldas Barbosa (1738-1800): **poeta e compositor popular brasileiro, autor de modinhas que ele mesmo cantava, acompanhando-se à viola.**
3 William Beckford (1759-1844): **excêntrico nobre inglês, escritor. Conheceu o padre Caldas em Portugal, tornando-se admirador da arte do compositor.**

Texto 2

[Estudos patrióticos]

O major entrou para um aposento próximo, enquanto sua irmã seguia em direitura ao interior da casa. Quaresma despiu-se, lavou-se, enfiou a roupa de casa, veio para a biblioteca, sentou-se a uma cadeira de balanço, descansando.

Estava num aposento vasto, com janelas para uma rua lateral, e todo ele era forrado de estantes de ferro.

Havia perto de dez, com quatro prateleiras, fora as pequenas com os livros de maior tomo[1]. Quem examinasse vagarosamente aquela grande coleção de livros havia de espantar-se ao perceber o espírito que presidia a sua reunião.

Na ficção, havia unicamente autores nacionais ou tidos como tais: o Bento Teixeira, da *Prosopopeia*; o Gregório de Matos, o Basílio da Gama, o Santa Rita Durão, o José de Alencar (todo), o Macedo, o Gonçalves Dias (todo), além de muitos outros. Podia-se afiançar que nem um dos autores nacionais ou nacionalizados de oitenta pra lá faltava nas estantes do major[2]. [...]

Policarpo era patriota. Desde moço, aí pelos vinte anos, o amor da Pátria tomou-o todo inteiro. Não fora o amor comum, palrador[3] e vazio; fora um sentimento sério, grave e absorvente. Nada de ambições políticas ou administrativas; o que Quaresma pensou, ou melhor: o que o patriotismo o fez pensar, foi num conhecimento inteiro do Brasil, levando-o a meditações sobre os seus recursos, para depois então apontar os remédios, as medidas progressivas, com pleno conhecimento de causa.[4]

---

1   Tomo: **importância.**

2   Quaresma tem as obras completas de José de Alencar e Gonçalves Dias. Entre os escritores românticos, esses dois foram os mais entusiasmados no elogio da pátria. E foram também alvo da crítica de Lima Barreto, que fazia sérias restrições ao romantismo.

3   Palrador: **nessa passagem, tem o sentido de "da boca pra fora", isto é, Quaresma não foi tomado por um patriotismo apenas de palavras vazias.**

4   Já se percebe a intenção de Quaresma em elaborar um projeto para fazer o Brasil progredir.

Não se sabia bem onde nascera, mas não fora decerto em São Paulo, nem no Rio Grande do Sul, nem no Pará. Errava quem quisesse encontrar nele qualquer regionalismo; Quaresma era antes de tudo brasileiro. Não tinha predileção por esta ou aquela parte de seu país, tanto assim que aquilo que o fazia vibrar de paixão não eram só os pampas do Sul com o seu gado, não era o café de São Paulo, não eram o ouro e os diamantes de Minas, não era a beleza da Guanabara, não era a altura da Paulo Afonso, não era o estro[1] de Gonçalves Dias ou o ímpeto de Andrade Neves. Era tudo isso junto, fundido, reunido, sob a bandeira estrelada do Cruzeiro.

Logo aos dezoito anos quis fazer-se militar; mas a junta de saúde julgou-o incapaz. Desgostou-se, sofreu, mas não maldisse a Pátria. O ministério era liberal, ele se fez conservador e continuou mais do que nunca a amar a *terra que o viu nascer*. Impossibilitado de evoluir-se sob os dourados[2] do Exército, procurou a administração e dos seus ramos escolheu o militar.

Era onde estava bem. No meio de soldados, de canhões, de veteranos, de papelada inçada[3] de quilos de pólvora, de nomes de fuzis e termos técnicos de artilharia, aspirava diariamente aquele hálito de guerra, de bravura, de vitória, de triunfo, que é bem o hálito da Pátria[4].

Durante os lazeres burocráticos, estudou, mas estudou a Pátria, nas suas riquezas naturais, na sua história, na sua geografia, na sua literatura e na sua política. Quaresma sabia as espécies de minerais, vegetais e animais que o Brasil continha; sabia o valor do ouro, dos diamantes exportados por Minas, as guerras holandesas, as batalhas do Paraguai, as nascentes e o curso de todos os rios. Defendia com azedume[5] e paixão a proeminência do Amazonas sobre todos os demais rios do mundo. Para isso ia até o crime de amputar alguns quilômetros ao Nilo e era com este rival do "seu" rio que ele mais implicava. Ai de quem o citasse na sua frente! Em geral, calmo e delicado, o major ficava agitado e malcriado, quando se discutia a extensão do Amazonas em face da do Nilo.

Havia um ano a esta parte que se dedicava ao tupi-guarani. Todas as manhãs, antes que a "Aurora, com seus dedos rosados, abrisse caminho ao louro Febo"[6], ele se atracava até o almoço com o Montoya, *Arte y diccionario de la lengua guaraní ó*

---

1   Estro: **inspiração, gênio.**
2   Dourados: **alusão aos dourados das fardas dos militares.**
3   Inçada: **cheia.**
4   Repare como Quaresma associa "hálito de guerra, de bravura, de vitória..." à própria pátria. A grandeza, portanto, estaria ligada também ao heroísmo militar.
5   Azedume: **mau humor, irritação.**
6   Citação irônica de um verso do poeta grego Homero. Febo é um dos nomes de Apolo, deus grego da luz.

más bien tupí, e estudava o jargão[1] caboclo[2] com afinco e paixão. Na repartição, os pequenos empregados, amanuenses[3] e escreventes, tendo notícia desse seu estudo do idioma tupiniquim, deram não se sabe por quê em chamá-lo — Ubirajara. Certa vez, o escrevente Azevedo, ao assinar o ponto, distraído, sem reparar quem lhe estava às costas, disse em tom chocarreiro[4]: "Você já viu que hoje o Ubirajara está tardando?"

Quaresma era considerado no arsenal: a sua idade, a sua ilustração, a modéstia e honestidade de seu viver impunham-no ao respeito de todos. Sentindo que a alcunha lhe era dirigida, não perdeu a dignidade, não prorrompeu[5] em doestos[6] e insultos. Endireitou-se, concertou o *pince-nez*, levantou o dedo indicador no ar e respondeu:

— Senhor Azevedo, não seja leviano. Não queira levar ao ridículo aqueles que trabalham em silêncio, para a grandeza e a emancipação da Pátria.

(Trecho da parte I, cap. 1, "A lição de violão")

1. **"Quaresma era antes de tudo brasileiro." Com esse comentário, o narrador quis destacar qual aspecto da personalidade do major Quaresma?**
2. **Pesquise a origem do nome *Ubirajara* e explique por que o major Quaresma recebeu esse apelido na repartição em que trabalhava.**

---

1 Jargão: **dialeto.**
2 Caboclo: **a língua nativa.**
3 Amanuenses: **funcionários públicos que copiavam ou registravam documentos.**
4 Tom chocarreiro: **tom de brincadeira.**
5 Prorrompeu: **explodiu.**
6 Doestos: **ofensas, insultos.**

Texto 3

[Saudação tupinambá]

Essa ideia levou-o a estudar os costumes tupinambás; e, como uma ideia traz outra, logo ampliou o seu propósito e eis a razão por que estava organizando um código de relações, de cumprimentos, de cerimônias domésticas e festas, calcado nos preceitos tupis.

Desde dez dias que se entregava a essa árdua tarefa, quando (era domingo) lhe bateram à porta, em meio de seu trabalho. Abriu, mas não apertou a mão. Desandou a chorar, a berrar, a arrancar os cabelos, como se tivesse perdido a mulher ou um filho. A irmã correu lá de dentro, o Anastácio também, e o compadre e a filha, pois eram eles, ficaram estupefatos no limiar da porta.

— Mas que é isso, compadre?
— Que é isso, Policarpo?
— Mas, meu padrinho...

Ele ainda chorou um pouco. Enxugou as lágrimas e, depois, explicou com a maior naturalidade:

— Eis aí! Vocês não têm a mínima noção das coisas da nossa terra. Queriam que eu apertasse a mão... Isto não é nosso! Nosso cumprimento é chorar quando encontramos os amigos, era assim que faziam os tupinambás.

O seu compadre Vicente, a filha e dona Adelaide entreolharam-se, sem saber o que dizer. O homem estaria doido? Que extravagância!

— Mas, senhor Policarpo — disse-lhe o compadre —, é possível que isto seja muito brasileiro, mas é bem triste, compadre.

— Decerto, padrinho — acrescentou a moça com vivacidade. — Parece até agouro[1]...

(Trecho da parte I, cap. 2, "Reformas radicais")

1. Que relação há entre o comportamento de Quaresma ao receber as visitas e o seu patriotismo fanático?

---

1 **Agouro:** **presságio de que algo ruim vai acontecer.**

Texto 4

Nesta passagem, Olga, afilhada de Quaresma, passeia pelas redondezas do sítio do major.

[Realidade sertaneja]

O que mais a impressionou no passeio foi a miséria geral, a falta de cultivo, a pobreza das casas, o ar triste, abatido da gente pobre. Educada na cidade, ela tinha dos roceiros ideia de que eram felizes, saudáveis e alegres. Havendo tanto barro, tanta água, por que as casas não eram de tijolos e não tinham telhas? Era sempre aquele sapê sinistro e aquele *sopapo*[1] que deixava ver a trama de varas, como o esqueleto de um doente. Por que, ao redor dessas casas, não havia culturas, uma horta, um pomar? Não seria tão fácil, trabalho de horas? E não havia gado, nem grande nem pequeno. Era raro uma cabra, um carneiro. Por quê? Mesmo nas fazendas, o espetáculo não era mais animador. Todas soturnas[2], baixas, quase sem o pomar olente[3] e a horta suculenta. A não ser o café e um milharal, aqui e ali, ela não pôde ver outra lavoura, outra indústria agrícola. Não podia ser preguiça só ou

---

1 A sopapo (ou de sopapo): **diz-se das casas rebocadas com barro atirado com a mão.**
2 Soturnas: **tristes, sombrias.**
3 Olente: **aromático.**

indolência[1]. Para o seu gasto, para uso próprio, o homem tem sempre energia para trabalhar. As populações mais acusadas de preguiça trabalhavam relativamente. Na África, na Índia, na Cochinchina, em toda parte, os casais, as famílias, as tribos plantam um pouco, algumas coisas para eles. Seria a terra? Que seria? E todas essas questões desafiavam a sua curiosidade, o seu desejo de saber, e também a sua piedade e simpatia por aqueles párias[2], maltrapilhos, mal alojados, talvez com fome, sorumbáticos[3]!...

Pensou em ser homem. Se o fosse, passaria ali e em outras localidades meses e anos, indagaria, observaria e com certeza havia de encontrar o motivo e o remédio. [...]

Como no dia seguinte fosse passear ao roçado do padrinho, aproveitou a ocasião para interrogar a respeito o tagarela Felizardo. A faina[4] do roçado ia quase no fim; o grande trato da terra estava quase inteiramente limpo e subia um pouco em ladeira a colina que formava a lombada do sítio.

Olga encontrou o camarada cá embaixo, cortando a machado as madeiras mais grossas; Anastácio estava no alto, na orla do mato, juntando, a ancinho[5], as folhas caídas. Ela lhe falou.

— Bons dias, *sá dona*.

— Então trabalha-se muito, Felizardo?

— O que se pode.

— Estive ontem no Carico, bonito lugar... Onde é que você mora, Felizardo?

— É doutra banda, na estrada da vila.

— É grande o sítio de você?

— Tem alguma terra, sim senhora, *sá dona*.

— Você por que não planta para você?

— *Quá sá dona!* O que é que a gente come?

— O que plantar ou aquilo que a plantação der em dinheiro.

— *Sá dona tá* pensando uma coisa e a coisa é outra. Enquanto planta cresce, e então? *Quá, sá dona*, não é assim.

Deu uma machadada; o tronco escapou; colocou-o melhor no picador e, antes de desferir o machado, ainda disse:

— Terra não é nossa... E *frumiga*?... Nós não *tem* ferramenta... isso é bom para italiano ou *alamão*, que governo dá tudo... Governo não gosta de nós...

---

1 Indolência: falta de ânimo ou vontade.
2 Párias: pessoas marginalizadas.
3 Sorumbáticos: tristonhos.
4 Faina: trabalho exaustivo.
5 Ancinho: rastelo; ferramenta agrícola dentada para juntar folhas secas, palha etc.

Desferiu o machado, firme, seguro; e o rugoso tronco se abriu em duas partes, quase iguais, de um claro amarelado, onde o cerne escuro começava a aparecer.

Ela voltou querendo afastar do espírito aquele desacordo que o camarada indicara, mas não pôde. Era certo. Pela primeira vez notava que o *self-help*[1] do Governo era só para os nacionais; para os outros todos os auxílios e facilidades, não contando com a sua anterior educação e apoio dos patrícios[2].

E a terra não era dele? Mas de quem era, então, tanta terra abandonada que se encontrava por aí? Ela vira até fazendas fechadas, com as casas em ruínas... Por que esse acaparamento[3], esses latifúndios inúteis e improdutivos?

(Trecho da parte II, cap. 3, "Golias")

1. Em que sentido podemos dizer que a visão de Olga sobre a realidade da vida no campo contrasta com a visão do major Quaresma?
2. Em que aspectos esse texto pode ser visto como uma crítica política ao governo brasileiro?

---

1 *Self-help* (em inglês): **salve-se quem puder.**
2 Criticam-se aqui as políticas governamentais de assentamento e de incentivo à importação de mão de obra para a agricultura. Desvaloriza-se assim o trabalhador nacional, sobretudo o ex-escravo, que não encontra muitas condições de se estabelecer e progredir na nova ordem.
3 Acaparamento: acúmulo de mercadorias em grande quantidade, para subtraí-las ao mercado e revendê-las depois com lucros extorsivos.

Texto 5

Numa reunião em seu sítio, Quaresma está conversando sobre agricultura, quando Armando, o marido de sua afilhada Olga, lhe sugere o uso de adubos.

[Ataque noturno]

— Adubos! É lá possível que um brasileiro tenha tal ideia! Pois se temos as terras mais férteis do mundo!

— Mas se esgotam, major — observou o doutor.

Dona Adelaide, calada, seguia com atenção o *crochet*[1] que estava fazendo; Ricardo ouvia, com os olhos arregalados; e Olga intrometeu-se na conversa:

— Que zanga é essa, padrinho?

— É teu marido que quer convencer-me que as nossas terras precisam de adubos... Isto é até uma injúria!

— Pois fique certo, major, se eu fosse o senhor — aduziu[2] o doutor —, ensaiava uns fosfatos...

— Decerto, major — obtemperou[3] Ricardo. — Eu, quando comecei a tocar violão, não queria aprender música... Qual música! Qual nada! A inspiração basta!... Hoje vejo que é preciso... É assim — resumia ele.

---

1 *Crochet* (em francês): **crochê**.
2 Aduziu: **acrescentou**.
3 Obtemperou: **respondeu, com respeito e ponderação**.

Todos se entreolharam, exceto Quaresma, que logo disse com toda a força d'alma:

— Senhor doutor, o Brasil é o país mais fértil do mundo, é o mais bem-dotado e as suas terras não precisam *empréstimo* para dar sustento ao homem. Fique certo!

— Há mais férteis — avançou o doutor.

— Onde?

— Na Europa.

— Na Europa!

— Sim, na Europa. As terras negras da Rússia, por exemplo.

O major considerou o rapaz durante algum tempo e exclamou triunfante:

— O senhor não é patriota! Esses moços...

[...]

Quaresma chegou a seu quarto, despiu-se, enfiou a camisa de dormir e, deitado, pôs-se a ler um velho elogio das riquezas e opulências do Brasil.

A casa estava em silêncio; do lado de fora, não havia a mínima bulha[1]. Os sapos tinham suspendido um instante a sua orquestra noturna. Quaresma lia; e lembrava-se que Darwin[2] escutava com prazer esse concerto dos charcos. Tudo na nossa terra é extraordinário! pensou. Da despensa, que ficava junto a seu aposento, vinha um ruído estranho. Apurou o ouvido e prestou atenção. Os sapos recomeçaram o seu hino. Havia vozes baixas, outras mais altas e estridentes; uma se seguia à outra; num dado instante todas se juntaram num *unisono*[3] sustentado. Suspenderam um instante a música. O major apurou o ouvido; o ruído continuava. Que era? Eram uns estalos tênues; parecia que quebravam gravetos, que deixavam outros cair no chão... Os sapos recomeçaram; o regente deu uma martelada e logo vieram os baixos e os tenores. Demoraram muito; Quaresma pôde ler umas cinco páginas. Os batráquios pararam; a bulha continuava. O major levantou-se, agarrou o castiçal e foi à dependência da casa donde partia o ruído, assim mesmo como estava, em camisa de dormir.

Abriu a porta; nada viu. Ia procurar nos cantos, quando sentiu uma ferroada no peito do pé. Quase gritou. Abaixou a vela para ver melhor e deu com uma enorme saúva agarrada com toda a fúria à sua pele magra. Descobriu a origem da bulha. Eram formigas que, por um buraco no assoalho, lhe tinham invadido a despensa e carregavam as suas reservas de milho e feijão, cujos recipientes ti-

---

1   Bulha: **barulho.**

2   Darwin: **quando passou pelo Rio de Janeiro, em sua viagem de estudos, o naturalista inglês Charles Darwin (1809-1882) teria feito esse comentário a respeito dos sapos.**

3   *Unisono* (em italiano): **uníssono, a uma só voz.**

nham sido deixados abertos por inadvertência. O chão estava negro, e, carregadas com os grãos, elas, em pelotões cerrados, mergulhavam no solo em busca da sua cidade subterrânea.

Quis afugentá-las. Matou uma, duas, dez, vinte, cem; mas eram milhares e cada vez mais o exército aumentava. Veio uma, mordeu-o, depois outra, e o foram mordendo pelas pernas, pelos pés, subindo pelo seu corpo. Não pôde aguentar, gritou, sapateou e deixou a vela cair.

Estava no escuro. Debatia-se para encontrar a porta; achou e correu daquele ínfimo inimigo que, talvez, nem mesmo à luz radiante do sol, o visse distintamente...

(Trecho da parte II, cap. 3, "Golias")

1. Como se manifesta o nacionalismo extremo de Quaresma na conversa que ele tem com o marido de Olga?
2. Sem argumentos para retrucar ao doutor, como Quaresma encerra a discussão?
3. Que significado assume o episódio das formigas?

Texto 6

Quando ocorre a Revolta da Armada, o major Quaresma vai ao Rio de Janeiro encontrar-se com o presidente Floriano Peixoto para solidarizar-se com ele e oferecer seus serviços ao país.

[Marechal Floriano]

Quaresma pôde então ver melhor a fisionomia do homem que ia enfeixar em suas mãos, durante quase um ano, tão fortes poderes, poderes de imperador romano, pairando sobre tudo, limitando tudo, sem encontrar obstáculo algum aos seus caprichos, às suas fraquezas e vontades, nem nas leis, nem nos costumes, nem na piedade universal e humana.

Era vulgar e desoladora. O bigode caído; o lábio inferior pendente e mole a que se agarrava uma grande *mosca*[1]; os traços flácidos e grosseiros; não havia nem o desenho do queixo ou olhar que fosse próprio, que revelasse algum dote superior. Era um olhar mortiço, redondo, pobre de expressões, a não ser de tristeza que não lhe era individual, mas nativa, de raça; e todo ele era gelatinoso — parecia não ter nervos.

---

1 Mosca: **pequeno tufo de pelos isolados da barba que alguns homens deixam crescer sob o lábio inferior.**

MARECHAL FLORIANO PEIXOTO, 1891.

Não quis o major ver em tais sinais nada que lhe denotasse o caráter, a inteligência e o temperamento. Essas coisas não vogam[1], disse ele de si para si.

O seu entusiasmo por aquele ídolo político era forte, sincero e desinteressado. Tinha-o na conta de enérgico, de fino e supervidente[2], tenaz e conhecedor das necessidades do país, manhoso talvez um pouco, uma espécie de Luís XI[3] forrado de um Bismarck[4]. Entretanto, não era assim. Com uma ausência total de qualidades

---

1 Vogam: importam.
2 Supervidente: muito perspicaz, capaz de ver o que os outros não veem.
3 Luís XI (1423-1483): rei da França que governou de forma tirânica e cruel, fortalecendo o poder central.
4 Otto von Bismarck (1815-1898): estadista prussiano que liderou o processo de unificação da Alemanha em 1871.

intelectuais, havia no caráter do Marechal Floriano uma qualidade predominante: tibieza de ânimo[1], e no seu temperamento, muita preguiça. Não a preguiça comum, essa preguiça de nós todos; era uma preguiça mórbida, como que uma pobreza de irrigação nervosa, provinda de uma insuficiente quantidade de fluido no seu organismo. Pelos lugares que passou, tornou-se notável pela indolência e desamor às obrigações dos seus cargos. [...]

A sua concepção de governo não era o despotismo[2], nem a democracia, nem a aristocracia; era a de uma tirania doméstica. O bebê portou-se mal, castiga-se. Levada a coisa ao grande, o portar-se mal era fazer-lhe oposição, ter opiniões contrárias às suas e o castigo não eram mais palmadas, sim, porém, prisão e morte. Não há dinheiro no Tesouro; ponham-se as notas recolhidas em circulação, assim como se faz em casa quando chegam visitas e a sopa é pouca: põe-se mais água.

Demais, a sua educação militar e a sua fraca cultura deram mais realce a essa concepção infantil, raiando-a[3] de violência, não tanto por ele em si, pela sua perversidade natural, pelo seu desprezo pela vida humana, mas pela fraqueza com que acobertou e não reprimiu a ferocidade dos seus auxiliares e asseclas[4].

Quaresma estava longe de pensar nisso tudo; ele com muitos homens honestos e sinceros do tempo foram tomados pelo entusiasmo contagioso que Floriano conseguira despertar. Pensava na grande obra que o Destino reservava àquela figura plácida e triste; na reforma radical que ele ia levar ao organismo aniquilado da pátria, que o major se habituara a crer a mais rica do mundo, embora, de uns tempos para cá, já tivesse dúvidas a certos respeitos.

Decerto, ele não negaria tais esperanças e a sua ação poderosa havia de se fazer sentir pelos oito milhões de quilômetros quadrados do Brasil, levando-lhes estradas, segurança, proteção aos fracos, assegurando o trabalho e promovendo a riqueza.

(Trecho da parte III, cap. 1, "Patriotas")

1. Que ideia faz o major Quaresma do presidente? O que ele espera que o marechal faça pelo Brasil?
2. Que características o narrador aponta na figura do marechal? Elas coincidem com a visão do major Quaresma sobre o marechal Floriano?

---

1   Tibieza de ânimo: **fraqueza de ânimo, isto é, pessoa sem energia, sem fibra.**
2   Despotismo: **autoritarismo, tirania.**
3   Raiando-a: **marcando-a.**
4   Asseclas: **seguidores, comparsas.**

Texto 7

Numa das cartas que enviou à sua irmã Adelaide, Quaresma comenta o choque de realidade que ele está sentindo ao participar efetivamente dos combates, do lado do governo, na repressão da revolta da Armada.

[A realidade nua e crua]

Ansiava pela volta do irmão; escrevia-lhe cartas desesperadas, às quais ele respondia aconselhando calma, fazendo promessas. A última recebida, porém, tinha de supetão outro acento; não era mais confiante, entusiástica, traía desânimo, desalento, mesmo desespero.

"Querida Adelaide. Só agora posso responder-te a carta que recebi há quase duas semanas. Justamente quando ela me chegou às mãos, acabava de ser ferido, ferimento ligeiro é verdade, mas que me levou à cama e trar-me-á uma convalescença longa. Que combate, minha filha! Que horror! Quando me lembro dele, passo as mãos pelos olhos como para afastar uma visão má. Fiquei com horror à guerra que ninguém pode avaliar... Uma confusão, um infernal zunir de balas, clarões sinistros, imprecações[1] — e tudo isto no seio da treva profunda da noite... Houve momentos que se abandonaram as armas de fogo: batíamo-nos à baioneta, a coronhadas, a machado, facão. Filha: um combate de trogloditas, uma coisa pré-histórica... Eu duvido, eu duvido, duvido da justiça disso tudo, duvido da sua razão de ser, duvido que seja certo e necessário ir tirar do fundo de nós todos a ferocidade adormecida, aquela ferocidade que se fez e se depositou em

---

1   Imprecações: **fazer imprecação é praguejar, desejar o mal para outros.**

nós nos milenários combates com as feras, quando disputávamos a terra a elas... Eu não vi homens de hoje; vi homens de Cro-Magnon, do Neanderthal[1] armados com machados de sílex[2], sem piedade, sem amor, sem sonhos generosos, a matar, sempre a matar... Este teu irmão que estás vendo, também fez das suas, também foi descobrir dentro de si muita brutalidade, muita ferocidade, muita crueldade... eu matei, minha irmã; eu matei! E não contente de matar, ainda descarreguei um tiro quando o inimigo arquejava[3] a meus pés... Perdoa-me! Eu te peço perdão, porque preciso de perdão e não sei a quem pedir, a que Deus, a que homem, a alguém enfim... Não imaginas como isto faz-me sofrer... Quando caí embaixo de uma carreta, o que me doía não era a ferida, era a alma, era a consciência; e Ricardo, que foi ferido e caiu ao meu lado, a gemer e pedir 'capitão, meu gorro, meu gorro!', parecia que era o meu próprio pensamento que ironizava o meu destino...

Esta vida é absurda e ilógica; eu já tenho medo de viver, Adelaide. Tenho medo, porque não sabemos para onde vamos, o que faremos amanhã, de que maneira havemos de nos contradizer de sol para sol...

O melhor é não agir, Adelaide; e desde que o meu dever me livre destes encargos, irei viver na quietude, na quietude mais absoluta possível, para que do fundo de mim mesmo ou do mistério das coisas não provoque a minha ação o aparecimento de energias estranhas à minha vontade, que mais me façam sofrer e tirem o doce sabor de viver...

Além do que, penso que todo este meu sacrifício tem sido inútil. Tudo o que nele pus de pensamento não foi atingido, e o sangue que derramei, e o sofrimento que vou sofrer toda a vida, foram empregados, foram gastos, foram estragados, foram vilipendiados[4] e desmoralizados em prol de uma tolice política qualquer...

(Trecho da parte III, cap. 4, "O boqueirão")

1. Por que o major Quaresma se sente chocado com o próprio comportamento?
2. O que o major Quaresma percebeu sobre a realidade brasileira depois de sua participação direta nos combates?

---

1 **Cro-Magnon e Neanderthal:** regiões da Europa onde foram encontrados fósseis humanos pré-históricos.
2 **Sílex:** tipo de pedra usada pelos homens primitivos para fazer machados e facas.
3 **Arquejava:** respirava com dificuldade.
4 **Vilipendiados:** desprezados.

Texto 8

Este texto foi extraído da parte final do romance e mostra as reflexões de Policarpo Quaresma na prisão.

[O triste fim]

Como lhe parecia ilógico com ele mesmo estar ali metido naquele estreito calabouço. Pois ele, o Quaresma plácido, o Quaresma de tão profundos pensamentos patrióticos, merecia aquele triste fim? De que maneira sorrateira o Destino o arrastara até ali, sem que ele pudesse pressentir o seu extravagante propósito, tão aparentemente sem relação com o resto da sua vida? Teria sido ele com os seus atos passados, com as suas ações encadeadas no tempo, que fizera com que aquele velho deus docilmente o trouxesse até a execução de tal desígnio? Ou teriam sido os fatos externos, que venceram a ele, Quaresma, e fizeram-no escravo da sentença da onipotente divindade? Ele não sabia, e, quando teimava em pensar, as duas coisas se baralhavam, se emaranhavam e a conclusão certa e exata lhe fugia.

Não estava ali há muitas horas. Fora preso pela manhã, logo ao erguer-se da cama; e, pelo cálculo aproximado do tempo, pois estava sem relógio e mesmo se o tivesse não poderia consultá-lo à fraca luz da masmorra, imaginava podiam ser onze horas.

Por que estava preso? Ao certo não sabia; o oficial que o conduzira, nada lhe quisera dizer; e, desde que saíra da Ilha das Enxadas para a das Cobras[1], não trocara palavra com ninguém, não vira nenhum conhecido no caminho, nem o próprio

---

[1] **Cobras:** na Ilha das Cobras, no interior da baía da Guanabara, havia uma fortaleza que servia de prisão.

104

Ricardo que lhe podia, com um olhar, com um gesto, trazer sossego às suas dúvidas. Entretanto, ele atribuía a prisão à carta que escrevera ao presidente, protestando contra a cena que presenciara na véspera.

Não se pudera conter. Aquela leva de desgraçados a sair assim, a desoras[1], escolhidos a esmo, para uma carniçaria[2] distante, falara fundo a todos os seus sentimentos; pusera diante dos seus olhos todos os seus princípios morais; desafiara a sua coragem moral e a sua solidariedade humana; e ele escrevera a carta com veemência[3], com paixão, indignado. Nada omitiu do seu pensamento; falou claro, franca e nitidamente.

Devia ser por isso que ele estava ali naquela masmorra, engaiolado, trancafiado, isolado dos seus semelhantes como uma fera, como um criminoso, sepultado na treva, sofrendo umidade, misturado com os seus detritos, quase sem comer... Como acabarei? Como acabarei? E a pergunta lhe vinha, no meio da revoada de pensamentos que aquela angústia provocava pensar. Não havia base para qualquer hipótese. Era de conduta tão irregular e incerta o Governo que tudo ele podia esperar: a liberdade ou a morte, mais esta que aquela.

O tempo estava de morte, de carnificina; todos tinham sede de matar, para afirmar mais a vitória e senti-la bem na consciência coisa sua, própria, é altamente honrosa.

Iria morrer, quem sabe se naquela noite mesmo? E que tinha ele feito de sua vida? Nada. Levara toda ela atrás da miragem de estudar a pátria, por amá-la e querê-la muito, no intuito de contribuir para a sua felicidade e prosperidade. Gastara a sua mocidade nisso, a sua virilidade também; e, agora que estava na velhice, como ela o recompensava, como ela o premiava, como ela o condecorava? Matando-o. E o que não deixara de ver, de gozar, de fruir, na sua vida? Tudo. Não brincara, não pandegara[4], não amara — todo esse lado da existência que parece fugir um pouco à sua tristeza necessária, ele não vira, ele não provara, ele não experimentara.

Desde dezoito anos que o tal patriotismo lhe absorvia e por ele fizera a tolice de estudar inutilidades. Que lhe importavam os rios? Eram grandes? Pois que fossem... Em que lhe contribuiria para a felicidade saber o nome dos heróis do Brasil? Em nada... O importante é que ele tivesse sido feliz. Foi? Não. Lembrou-se das suas coisas de tupi, do *folklore*, das suas tentativas agrícolas... Restava disso tudo em sua alma uma satisfação? Nenhuma! Nenhuma!

---

1 A desoras: **fora de hora, de madrugada.**
2 Carniçaria: **carnificina.**
3 Veemência: **ímpeto.**
4 Não pandegara: **não se divertira.**

O tupi encontrou a incredulidade geral, o riso, a mofa, o escárnio; e levou-o à loucura. Uma decepção. E a agricultura? Nada. As terras não eram ferazes[1] e ela não era fácil como diziam os livros. Outra decepção. E, quando o seu patriotismo se fizera combatente, o que achara? Decepções. Onde estava a doçura de nossa gente? Pois ele não a viu combater como feras? Pois não a via matar prisioneiros, inúmeros? Outra decepção. A sua vida era uma decepção, uma série, melhor, um encadeamento de decepções.

A pátria que quisera ter era um mito; era um fantasma criado por ele no silêncio do seu gabinete. Nem a física, nem a moral, nem a intelectual, nem a política que julgava existir, havia. A que existia de fato era a do Tenente Antonino[2], a do doutor Campos[3], a do homem do Itamarati[4].

(Trecho da parte III, cap. 5, "A afilhada")

1. Por que Quaresma enviou uma carta de protesto ao presidente Floriano?
2. Diante da proximidade da morte, Quaresma faz um balanço de seus esforços patrióticos. Qual é essa análise?
3. No final desse balanço, Quaresma refaz seu conceito de pátria. O que mudou com relação ao que ele tinha imaginado durante a vida toda?

---

1   Ferazes: férteis.
2   Tenente Antonino: é o escrivão da coletoria de impostos, um personagem secundário que revela um ponto de vista mesquinho da política, que para ele é apenas um meio de satisfazer as necessidades particulares daqueles que se envolvem com ela.
3   Doutor Campos: é o presidente da Câmara Municipal, que pune Quaresma com exigências absurdas depois que este se recusou a ajudá-lo numa fraude eleitoral.
4   Homem do Itamarati: é uma referência ao oficial que, na véspera, havia levado os prisioneiros "escolhidos a esmo".

ENTREVISTA IMAGINÁRIA COM LIMA BARRETO

Lima Barreto foi um escritor combativo, que comentava os mais diferentes assuntos de interesse social, não tendo receio de expor seus pontos de vista, ainda que polêmicos, muitas vezes. Para termos uma ideia de suas opiniões, imaginamos uma entrevista com ele. As respostas, sempre marcadas pela sua fina ironia, foram extraídas de seus contos, artigos, romances e crônicas.

Entrevistador: Na sua época, a paisagem urbana do Rio de Janeiro estava mudando. Surgiam grandes edifícios e construções. Qual sua opinião sobre isso?

Lima Barreto: O Rio de Janeiro não tem necessidade de semelhantes "cabeças de porco", dessas torres babilônicas que irão enfeá-lo e perturbar os seus lindos horizontes. Se é necessário construir algum, que só seja permitido em certas ruas com a área de chão convenientemente proporcional. Nós não estamos, como a maior parte dos senhores de Nova York, apertados, em uma pequena ilha; nós nos podemos desenvolver para muitos quadrantes. Para que esta ambição então? Para que perturbar a majestade da nossa natureza com a plebeia brutalidade de monstruosas construções?

E: Você sempre disse que a sociedade brasileira parece fascinada por alguém que tenha o título de "doutor". Por quê?

LB: O doutor para a nossa gente não é um profissional desta ou daquela especialidade. É um ser superior, semidivino, de construtura fora do comum, cujo saber não se limita a este ou aquele campo das cogitações intelectuais da humanidade, e cuja autoridade só é valiosa neste ou naquele mister. É onisciente, senão infalível.

E: Se fosse candidato a deputado, o que diria a seus eventuais eleitores?

LB: Primeiro: eu não pretendo fazer coisa alguma pela pátria, pela família, pela humanidade. Um deputado que quisesse fazer qualquer coisa dessas, ver-se-ia bambo, pois teria, certamente, os duzentos e tantos espíritos dos seus colegas contra ele. Contra as suas ideias levantar-se-iam duas centenas de pessoas do mais profundo bom senso. Assim, para poder fazer alguma coisa útil, não farei coisa alguma, a não ser receber o subsídio.

E: O que acha dos direitos em nossa sociedade?

LB: Eu não compreendo que um homem, dotado de senso crítico (...) levante--se às quatro horas da madrugada para vir trabalhar no Arsenal da Marinha, enquanto o Ministro dorme até as onze, e ainda por cima vem de carro ou automóvel. Eu não compreendo que haja quem se resigne a viver desse modo e organizar famílias dentro de uma sociedade cujos dirigentes não admitem, para esses lares humildes, os mesmos princípios diretos com que mantêm os deles luxuosos, em Botafogo ou na Tijuca...

E: E o que pensa da nomeação de pessoas para cargos públicos?

LB: Não há lá homem influente que não tenha, pelo menos, trinta parentes ocupando cargos do Estado; não há lá político influente que não se julgue com direito a deixar para os seus filhos, netos, sobrinhos, primos, gordas pensões pagas pelo Tesouro da República. No entanto, a terra vive na pobreza; os latifúndios abandonados e indivisos; a população rural, que é a base de todas as nações, oprimida por chefões políticos, inúteis, incapazes de dirigir a coisa mais fácil desta vida. Vive sugada, esfomeada, maltrapilha, macilenta, amarela, para que, na sua capital, algumas centenas de parvos, com títulos altissonantes disso ou daquilo, gozem vencimentos, subsídios, duplicados e triplicados, afora rendimentos que vêm de outra e qualquer origem, empregando um grande palavreado de quem vai fazer milagres. [...] Não há, entre nós, campo para as grandes batalhas de espírito e inteligência. Tudo aqui é feito com o dinheiro e os títulos. A agitação de uma ideia não repercute na massa e quando esta sabe que se trata de contrariar uma pessoa poderosa, trata o agitador de louco.

E: Mas se o povo quisesse...

LB: O Brasil não tem povo, tem público.

E: Mudando de assunto: o que acha do carnaval?

LB: O carnaval é a expressão da nossa alegria. O ruído, o barulho, o tantã espantam a tristeza que há nas nossas almas, atordoam-nos e nos enchem de prazer. Todos nós vivemos para o carnaval. Criadas, patroas, doutores, soldados, todos pensamos o ano inteiro na folia carnavalesca. O zabumba é que nos tira do espírito as graves preocupações da nossa árdua vida.

E: E a violência contra a mulher?

LB: Esse obsoleto domínio à valentona, do homem sobre a mulher, é coisa tão horrorosa, que enche de indignação.

E: Você criticou a educação tradicional que se dava às meninas. Por quê?

LB: A todo instante e a toda hora vinha aquele: "porque, quando você se casar...". A menina foi se convencendo de que toda a existência só tendia para o casamento. A instrução, as satisfações íntimas, a alegria, tudo isso era inútil; a vida se resumia numa coisa: casar.

E: Você nunca hesitou em dizer o seu ponto de vista, mesmo que fosse uma opinião contrária à da maioria. Acha saudável haver divergências de ideias numa sociedade?

LB: Se nós tivéssemos sempre a opinião da maioria, estaríamos ainda no Cro-Magnon e não teríamos saído das cavernas. O que é preciso, portanto, é que cada qual respeite a opinião de qualquer, para que desse choque surja o esclarecimento do nosso destino, para própria felicidade da espécie humana. Entretanto, no Brasil, não se quer isto. Procura-se abafar as opiniões, para só deixar em campo os desejos dos poderosos e prepotentes.

E: O que pensa da Academia Brasileira de Letras?

LB: A Academia é perfeitamente o cemitério das letras e dos literatos. Os que lá estão não passam de cadáveres bem embalsamados, e muito melhor os mais moços, devido ao aperfeiçoamento atual do processo. O progresso é uma grande coisa...

E: Por que você foi tão contrário ao futebol, que estava virando uma paixão nacional?

LB: O futebol veio matar o pequeno interesse que ele [o Rio de Janeiro] tinha pelas coisas nobres do espírito humano. É pegares um jornal daqui ou uma revista e verás que a maior parte dele e dela é tomada com coisas de esporte, sobretudo de futebol, mesmo no que toca ao noticiário policial. A pouca literatura que sai em jornais daqui é lida por alguns e aborrecida por quase todos. *Football for ever!* [...] Nos domingos e dias feriados, não há campo de futebol, por mais vagabundo que seja, onde não se encontre uma multidão para ver homens possuidores de grandes habilidades nos pés. Depois, à tarde, vêm os *rolos*[1].

E: O que é Arte?

LB: A Arte, tendo o poder de transmitir sentimentos e ideias [...] trabalha pela união da espécie; assim trabalhando, concorre portanto para o seu acréscimo de inteligência e felicidade.

E: E a Arte literária?

---

1   **Rolos: brigas, confusões.**

LB: Mais do que qualquer outra atividade espiritual da nossa espécie, a Arte, especialmente a Literatura, a que me dediquei e com que me casei, mais do que ela nenhum outro qualquer meio de comunicação entre os homens, em virtude mesmo do seu poder de contágio, teve, tem e terá um grande destino na nossa triste Humanidade. [...] A Literatura reforça o nosso natural sentimento de solidariedade com os nossos semelhantes, explicando-lhes os defeitos, realçando-lhes as qualidades e zombando dos fúteis motivos que nos separam uns dos outros. Ela tende a obrigar a todos a nos tolerarmos e a nos compreendermos; e, por aí, nós nos chegaremos a amar mais perfeitamente na superfície do planeta que rola pelos espaços sem fim.

E: Você diz que ama a Literatura. É correspondido?

LB: Ah! A Literatura ou me mata ou me dá o que eu peço dela.

BUSTO DE LIMA BARRETO NO RIO DE JANEIRO.

Douglas Tufano é formado em Letras e Educação pela Universidade de São Paulo. Professor por muitos anos em escolas públicas e particulares, é também conhecido autor de várias obras didáticas e paradidáticas dirigidas a estudantes do Ensino Fundamental e Médio, nas áreas de Língua Portuguesa e de Literatura Brasileira e Portuguesa.